江苏联合职业技术学院院本教材
经学院教材审定委员会审定通过

立德崇能

高等职业教育商务类专业精品课程系列规划教材

网络广告

WANGLUO GUANGGAO

主　审　吴敏敏
主　编　李永明
副主编　昝　望　李洪敏
编　者　吴　静　刘　玮　陈　洁

苏州大学出版社
Soochow University Press

图书在版编目(CIP)数据

网络广告 / 李永明主编. —苏州：苏州大学出版社,2019.7(2024.1 重印)
高等职业教育商务类专业精品课程系列规划教材
ISBN 978-7-5672-2857-3

Ⅰ.①网… Ⅱ.①李… Ⅲ.①网络广告-高等职业教育-教材 Ⅳ.①F713.852

中国版本图书馆 CIP 数据核字(2019)第 128561 号

网络广告

李永明　主编

责任编辑　管兆宁

苏州大学出版社出版发行
(地址：苏州市十梓街 1 号　邮编：215006)
镇江文苑制版印刷有限责任公司印装
(地址：镇江市黄山南路 18 号润州花园 6-1 号　邮编：212000)

开本 787 mm×1 092 mm　1/16　印张 11.25　字数 280 千
2019 年 7 月第 1 版　2024 年 1 月第 4 次印刷
ISBN 978-7-5672-2857-3　定价：40.00 元

苏州大学版图书若有印装错误，本社负责调换
苏州大学出版社营销部　电话：0512-67481020
苏州大学出版社网址　http://www.sudapress.com
苏州大学出版社邮箱　sdcbs@suda.edu.cn

前言

随着电子商务的快速发展，全球经济一体化以及"互联网+"的广泛应用，网络购物已成为人们的一种非常重要的消费方式，网上创业更是如火如荼。在"互联网+"模式的今天，电子商务发展的核心竞争力是人才的培养，电子商务行业对人才的需求已由"知识技能型"向"复合型"转变，由单纯的数量需求向数量+质量转变。同时行业的发展，对网络广告的需求也大幅增加，形式也更为丰富，这就对人才培养提出了更高要求。

"网络广告"是电子商务专业的专业方向课，本教材较全面地介绍了网络广告的基本概念，网络广告的创意、设计、策划、制作方法，以及网络广告的发布、费用预算和效果评估方法，同时还对网络广告的法律监管进行了说明，最后通过三个实际案例完整地阐述了网络广告的制作和投入过程。各项目均配有大量案例，以指导读者深入地进行分析和学习。

通过本课程的学习，学生可以全面系统地掌握网络广告基础知识，并通过模拟扮演角色等形式，在网络广告的调查、策划、设计、制作、发布、预算管理和效果评估等环节中进行仿真操作，充分体验网络广告给企业带来的商机，运用网络广告开展电子商务活动，进而更加直观地掌握网络广告理论知识，从实践中学习理论，并用理论指导实践。

本书可作为各类职业院校电子商务、广告学等专业的教材，也可作为本行业人员的自学参考书。本书配套大量案例欣赏和丰富的教学素材，以方便教学使用。

本书由无锡立信高等职业技术学校李永明担任主编，江苏省徐州经贸高等职业学校昝望、苏州旅游与财经高等职业技术学校李洪敏担任副主编，武进中等专业学校陈洁、淮阴商业学校刘玮、南京市玄武中等专业学校吴静共同参编。其中李永明编写了项目六、项目七并负责全书的规划和统稿，昝望编写了项目四、项目八，李洪敏编写了项目二、项目五，吴静编写了项目一，刘玮编写了项目三，陈洁编写了项目九。

本书还聘请了江苏信息职业技术学院吴敏敏副教授担任教材主审，在此表示感谢。在本书的编写过程中参考并借鉴了相关企业的产品资料和广告素材，在此致以敬意与感谢。

由于编者水平有限，教材编写中难免存在疏漏和不足，敬请同行专家和读者能给予批评和指正。同时希望各院校在使用中能及时反馈信息，以便我们再版时修订。

编 者

附：本教材主要内容和参考课时说明

项　　目	工作任务	参考学时
项目一：认识网络广告	认识网络广告的要素、主要形式、发展趋势	6
项目二：创意网络广告	网络广告创意分析、制作	8
项目三：设计网络广告	网络广告的视觉组成元素分析、色彩设计、版面设计	8
项目四：策划网络广告	网络广告市场调查、策划内容、策划流程	10
项目五：制作网络广告	制作关键字广告、按钮类广告、旗帜类网络广告、大屏幕网络广告	10
项目六：发布网络广告	分析网络广告受众、投放网络广告渠道、发布网络广告途径	6
项目七：网络广告投入预算与效果评估	预算网络广告投入、评估网络广告效果	4
项目八：网络广告法律监管	网络广告监督管理、网络广告法律责任	4
项目九：网络广告综合实训	丝巾广告、箱包对联广告、"双十一"广告的制作与推广	12

CONTENTS

项目一　认识网络广告	1
任务一　网络广告的基本要素	2
任务二　网络广告的主要形式	7
任务三　网络广告的发展趋势	17

项目二　创意网络广告	24
任务一　网络广告欣赏与分析	25
任务二　网络广告创意与制作	32

项目三　设计网络广告	37
任务一　网络广告视觉组成元素	38
任务二　网络广告色彩设计	41
任务三　网络广告版面设计	48
任务四　网络广告交互设计	52

项目四　策划网络广告	55
任务一　网络广告策划概述	56
任务二　网络广告市场调查	63
任务三　网络广告策划内容	75
任务四　网络广告策划流程	86

项目五　制作网络广告　　　　　　　　　　　　　92

　　任务一　制作关键字广告　　　　　　　　　　93
　　任务二　制作旗帜类广告　　　　　　　　　　98
　　任务三　制作插屏广告　　　　　　　　　　　102
　　任务四　制作综合类广告　　　　　　　　　　106

项目六　发布网络广告　　　　　　　　　　　　　116

　　任务一　分析网络广告受众　　　　　　　　　117
　　任务二　网络广告投放渠道　　　　　　　　　123
　　任务三　网络广告发布途径　　　　　　　　　128

项目七　网络广告投入预算与效果评估　　　　　　135

　　任务一　网络广告投入预算　　　　　　　　　136
　　任务二　网络广告效果评估　　　　　　　　　144

项目八　网络广告法律监管　　　　　　　　　　　152

　　任务一　网络广告监督管理　　　　　　　　　153
　　任务二　网络广告法律责任　　　　　　　　　157

项目九　网络广告综合实训　　　　　　　　　　　164

　　综合实训一　丝巾广告的制作与推广　　　　　165
　　综合实训二　箱包对联广告的制作与推广　　　169
　　综合实训三　"双十一"广告的制作与推广　　173

认识网络广告

一、项目简介

随着网络的迅猛发展,以网络为载体的各种新兴的"E"事物,如电子商务、电子邮件、电子新闻、网络搜索等随之产生。在这些新兴的"E"族中,网络广告便是其中一员。网络广告一经产生,便以其自身的优势得到了迅猛发展;而且,网络广告作为目前各个网站主要的收入来源更显示出其地位的重要性。到底什么是网络广告?网络广告的基本要素、主要形式和发展趋势是什么?这些有关网络广告的基本知识我们将在本项目中进行初步探讨。

二、项目目标

本项目包括"网络广告的基本要素""网络广告的主要形式""网络广告的发展趋势"三个任务,并收集和介绍了多个网络广告案例,对网络广告运作模式的创新及多元化展开分析,同时对多个经典网络广告进行赏析。

三、工作任务

根据以上三个任务的要求,基于实践工作过程,以任务驱动的方式,完成以下任务目标:

(1) 了解网络广告的概念和特点,掌握网络广告的基本要素。
(2) 了解网络广告的主要形式,掌握网络广告的新形式。
(3) 了解网络广告的历史和发展趋势。

任务一　网络广告的基本要素

任务描述

华米公司新款"华米9"手机上市,该手机是一个新品牌,消费者知之甚少,顾客忠诚度低,市场发展不够成熟。新型的网络广告营销方式有助于新产品拓宽销售范围,建立品牌形象。网络广告的几大要素分别是什么呢?

任务目标

根据本项目任务的要求,确定以下目标:
(1) 了解网络广告的概念和特点;
(2) 掌握网络广告的要素。

知识准备

　知识准备一　网络广告的概念

20世纪末,互联网风靡全球,越来越多的人开始意识到网络所具有的媒体功能,因此"第四媒体"这个词开始频繁出现在人们的日常生活中,即互联网已经成为继纸媒体(报纸、杂志)、广播、电视之后的"第四媒体"。

广告是现代媒体必不可少的部分,也是其最主要的盈利来源。网络广告与网络发展同时起步,不仅丰富了传统广告的形式和内容,也赢得了生存市场,成为目前各类网站的主要盈利渠道之一。虽然网络广告目前所占据的市场份额还很小,但其发展速度已经远远超过了其他几类媒体。无线电广播问世38年后拥有5 000万听众;电视机诞生13年后,观众数量已达到同样数字;而互联网自从对公众开放,开始商业应用到拥有这个数量的用户只花了4年时间。网络拥有如此之众的用户,在一个所谓"注意力"经济的时代,网络广告的发展空间无疑是巨大的。

网络广告是指利用互联网这种载体,通过图文或多媒体方式,发布的盈利性商业广告,是在网络上发布的有偿信息传播。

网络广告是主要的网络营销方法之一,在网络营销方法体系中具有举足轻重的地位。事实上多种网络营销方法也都可以理解为网络广告的具体表现形式,并不仅仅局限于放置在网页上的各种规格的旗帜广告(Banner),其他如电子邮件广告、搜索引擎关键词广告、搜索固定排名广告等都可以理解为网络广告的表现形式。

网络广告所具有的本质特征是:向互联网用户传递营销信息,是对用户注意力资源的合理利用。

与传统的传播媒体(报纸、杂志、电视、广播)广告及备受青睐的户外广告相比,网络广告具有得天独厚的优势,它是实施现代营销媒体战略的一个重要部分。互联网是一个全新

的广告媒体平台,速度快、效果理想,是中小企业发展壮大的很好途径,对于广泛开展国际业务的公司更是如此。各类网络广告示例如图 1.1.1、图 1.1.2 所示。

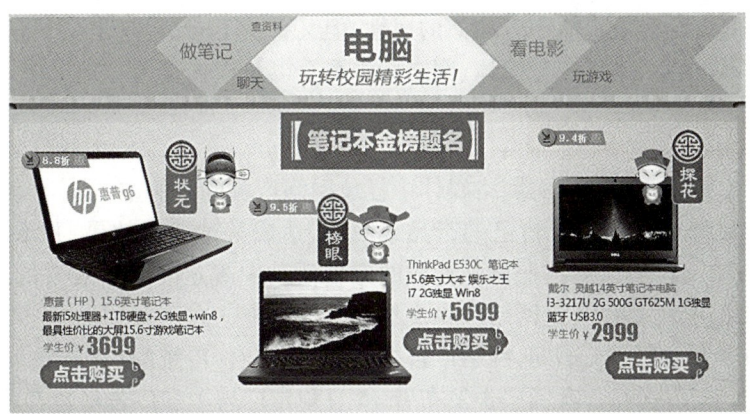

图 1.1.1　网络广告示例 1

图 1.1.2　网络广告示例 2

知识准备二　网络广告的起源

20 世纪 90 年代初,美国在线风险投资公司旗下的在线杂志《Wired》,经过短短几年的发展就成为美国颇具影响力的互联网技术与应用专业媒体,受到了读者的喜爱,很快就吸引了 14 个广告赞助商。1994 年 10 月 14 日,《Wired》杂志推出了网络版 Hotwired(www.hotwired.com),在其主页上,赫然出现了包括 AT&T 在内的 14 则广告主的图像和信息,可以说是网络广告最早的雏形。那时的广告形式也就是后来被各网站广泛采用的旗帜广告。因为没有人知道应该制定什么样的价格标准,这则广告是比照杂志彩色全版广告来定价的,刊登一个月,费用为 10 000 美元。因此,Hotwired 的推出被业内人士普遍认为是最早的承接网上广告的网络媒体。从此,"网上广告"(Online Advertising)作为一种新的市场推广方式逐渐发展起来。

中国的第一个商业性的网络广告出现在 1997 年 3 月,是一幅 468×60 像素的动画横幅广告。1997 年 3 月,IBM 为了宣传 AS400,在 ChinaByte 上发布网络广告,支付了 3 000 美元。因此国内普遍认为 1997 年 3 月出现的这则网络广告是中国广告史上的里程碑。我国网络广告一直到 1998 年初才稍有规模,以后几年时间,网络广告得到了迅猛发展。时至今日,网络广告已成为网站的主要收入来源,其所占比重越来越大。

任务实施

网络广告具备与传统媒体广告相似的属性,但又有所不同,它包含以下五大要素:网络广告主、网络广告信息、网络广告媒体、网络广告受众以及广告费用。

步骤一 确定网络广告主

网络广告主是指在被监测的网络媒体中投放网络广告的企业主,是广告活动的发布者,希望通过发布网络广告来推广自己的产品或服务,达成某种营销效果,并承担相关法律责任。广告主发布广告活动,并按照网站完成的广告活动中规定的营销效果的总数量及单位效果价格向网站主支付费用,是网络广告交易双方的其中一方。

与传统的广告主的定义不同,网络广告主体身份复杂。传统的《广告法》中规定了三种广告主体:广告主、广告经营者和广告发布者,并且规定广告主和广告经营者可以是个人,而广告发布者为各类媒体;这三种身份是不能统一,不能混淆的,并且这三种广告主体的从业资格与经营范围都有明确的规定。而对于网络广告主来说,他既可以是广告发布者也可以是广告经营者,甚至是三者集于一身。

造成网络广告主体这种身份区别的最主要原因是:传统媒体行业,如电影、电视、广播、报刊是国家掌控行业,私人是没有资格经营的;而新兴媒体互联网,是面向所有人开放的,任何人只要具备合法手续,都可申请域名,建立自己的网站,发布广告。企业可以作为广告主为自己制作网络广告,成为网络广告经营者;又可将广告发布在自己的网站上,成为网络广告的发布者。现今为了降低广告成本,很多企业都选择通过自己的网站发布广告。

网络广告主的任务有:

(1)事先设定营销的效果要求以及广告活动的预算。

(2)按照自己的营销目标,设置网上营销路径;配合营销的效果要求,设计相关的网站及页面。

(3)根据设定的要求制订媒体计划、选择广告投放区域以及投放网站类型。

(4)在投放中,全程监控整个广告,并根据网络广告营销进程及效果进行分析,灵活调整广告的营销策略。

步骤二 确定网络广告信息

网络广告信息是指网络广告中要传达的主要内容。广告的传播必须是信息的传播,没有无传播内容的广告。广告传播的信息可以是商品的信息,也可以是服务的信息,还可以是观念的信息,如公益广告等。

传统媒体广告由于受到媒体的版面、时间、空间和广告主的经济实力等多种因素的限制,其内容也受到极大的限制,不能详细地表达广告主想要表达的信息,只能选取最主要的部分进行传播。而网络广告则不受时间和空间的限制,一天中的任何时候广告受众都可以浏览网上信息,同时网络空间的无限性也使网络广告所含的信息量极大,网页信息采用非线性文本方式,通过链接方式可以将不同的网页相互连接起来。一般而言,一个网站下会有数十乃至数百个网页,通过链接使广告信息组成一个有机的整体,使广告信息的无限放大成为可能。最重要的是网络广告的收看权掌握在网络受众手中,受众想看就看,想什么时候看就什么时候看,想看哪个就看哪个,想看多长时间就看多长时间,想看几次就看几次,完全不受任何限制。

随着新媒体技术的运用,网络广告的表现手段越来越丰富,网络内容可以是文字、图画,也可以是声音、图像,其艺术性和表现力,对受众视觉的冲击力,对受众记忆的影响力,都将远远超出传统媒体的广告。

步骤三　确定网络广告媒体

广告媒体又称为广告媒介,是在广告主和广告对象之间起媒介作用的工具,起到传播广告信息的作用。毫无疑问,网络广告的媒体就是互联网,它可以使网络广告主与网络广告受众之间进行实时交互的信息交流。网络广告媒体既具有大众传播的特征,又具有交互的特征,是一种新型的混合媒体。

作为网络广告媒体的互联网是世界范围内的传播媒体,在世界任何一个角落,只要拥有一台电脑并联入互联网就可拥有整个世界。由于网络广告的传播范围是全球性的,所以能够拥有更多的受众。在网上进行广告宣传不仅能在国内树立品牌形象,而且还能在国际市场上树立良好的企业形象,从而取得比传统媒体更好的宣传效果。

网站主是网络媒体的拥有者,具有特定网站的修改、新增、删除内容的能力,并且是承担相关法律责任的法人。网站主播放广告主的广告、引导用户至广告主页面,并按照自己完成的广告活动中规定的营销效果的总数量及单位效果价格向广告主收取费用。网站主可以是门户网站、企业网站或个人网站的拥有者,他应该严格按照之前和广告主约定的广告效果来完成广告的发布任务。

步骤四　分析网络广告受众

广告受众是广告主发布广告信息的接受者,网络广告受众就是通过网络媒体访问广告的浏览者。他是广告主和网站主进行广告策划的最终目标。

由于作为"第四媒体"的网络的优势,网络广告受众与传统广告受众不同,他们不是简单的被动接受者,而是主动的选择者。浏览者可以根据自己的要求、喜好,选择是否接受以及接受哪些广告信息。

应该说,随着网络应用的普及和发展,以网络为载体的网络广告也会迅速成长,网络广告受众人数将会逐年增加。

步骤五　确定网络广告费用

广告费用是广告主为销售商品或提供劳务而进行的宣传推广费用,是进行广告策划和广告推广的基础。网络广告与传统广告相比,有自己的特殊计费模式。网络广告中,广告费用投入的多少与网站规模、网站性质、网络普及率及范围等因素有关,这种媒体因素与传统广告是有区别的。

传统媒体的资金投入是十分巨大的,而与之相比,网络广告费用是很低廉的。在取得同等的广告效应前提下,网络广告的有效千人成本远远低于传统广告媒体。其平均费用一般仅为传统媒体的3%。一个广告主页一年的费用大致为几千元人民币,而且主页内容可以随企业需求变化随时改变,这是传统广告媒体不可比拟的。这样就使得原本无力购买传统

广告媒体的小型企业也有了属于自己的广告媒体,并可以进行全球性传播。网络广告将成为企业市场推广必不可少的高效途径。

思考练习

一、填空题

1. 传统的四大传播媒体为_____、_____、_____和_____。
2. 中国的第一个商业性网络广告出现在_____,是一幅_____像素的动画横幅广告。
3. 网络广告主是指在被_____投放_____,是_____,希望通过发布网络广告来_____,达成某种_____,并承担相关_____。
4. 网络广告信息是指_____。
5. 广告媒体又称为_____,是在广告主和广告对象之间起_____,起到_____作用。
6. 广告受众是_____,网络广告受众就是通过网络媒体访问广告的_____。
7. 网络广告的概念是_____。
8. 网络广告中,广告费用投入的多少与_____、_____及_____等因素有关,这种媒体因素与传统广告是有区别的。

二、选择题

1. 网络广告的本质是向互联网用户传递_____的一种手段,是对用户注意力资源的合理利用。
   A. 物流信息　　　B. 营销信息　　　C. 客户信息　　　D. 资源信息

任务拓展

作为 2010 年上海世博会全球合作伙伴,可口可乐公司致力于使"城市,让生活更美好"的愿景成为现实,并和公众一起身体力行,倡导积极乐观的生活方式,将可持续发展理念融入每个细节,共同创造美好的城市生活。可口可乐公司以其赞助的"世博城市之星"选拔活动为契机,开展了"2010 年上海世博会大学生环保创意大赛"活动并在全国高校启动。

该大赛以全国在校大学生为对象,鼓励大学生通过自己创新的制作或实践,创造出促进城市环保与和谐发展的新作品、新行动,身体力行地推广节能环保理念,倡导绿色生活。参赛大学生可将体现环保创意的具体作品或创新的环保实践行动,以图片、视频和文字等形式上传至活动网站 QQ 校友网活动专区。

同时,在举办校园巡展活动的地区,参赛大学生可将实物作品现场递交大赛组织方并登记参赛。通过线上线下联动,共同达成好的活动效果,传播环保理念,播种品牌精神。在线活动充分利用了 QQ 在中国的媒体力量,数以万计的 QQ 用户(这些用户正是可口可乐公司此次活动的目标受众)知晓了"世博城市之星"选拔活动并参与其中。

可口可乐公司的"世博城市之星"选拔活动为什么能在短时间内吸引数以万计的用户参加,请大家认真思考。

任务二　网络广告的主要形式

任务描述

现需制作新款"华米9"手机的网络广告,相对于其他网络广告形式,要求制作更为新型、更强互动、更具定位能力的广告,以增加网络受众人数,提高销售量。

任务目标

根据本项目任务的要求,确定以下目标:
(1)了解网络广告的主要形式;
(2)掌握网络广告的新形式。

知识准备

越来越普及的互联网为网络广告提供了丰富的创意平台,其表现形式也是丰富多彩,而且正处在不断发展过程中。因此网络广告的划分标准也是多种多样的,归纳众多的网络广告分类方式,我们在这里主要介绍其中两种划分标准。

知识准备一　根据传播方式划分

网络广告按照传播方式不同,可分为基于 E-mail 的网络广告和基于网络页面的网络广告。基于 E-mail 的网络广告有直接电子邮件广告(图 1.2.1)、邮件列表广告以及新闻讨论组等。这种广告形式按照 CPM 计价,相对比较便宜,但因为它通常是未经用户的允许而传送的,容易引起用户的反感和抵触心理。

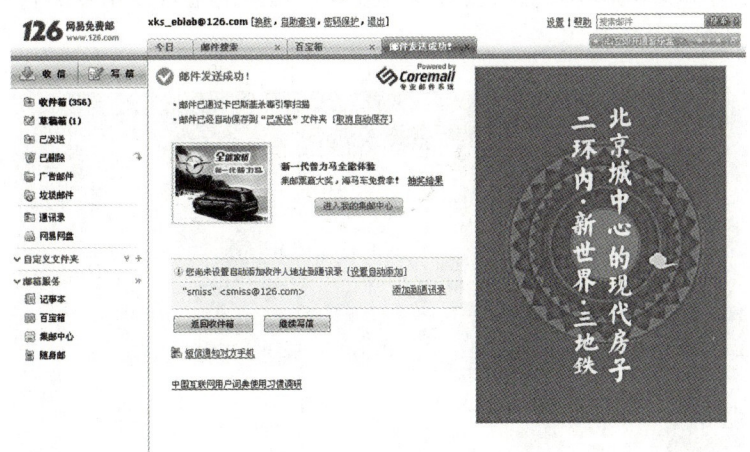

图 1.2.1　电子邮件广告

基于网络页面的网络广告包括:旗帜广告、按钮广告、文字链接广告、弹出广告等。其中每种形式根据尺寸大小，又有不同变化。下面介绍几种目前比较常见的形式。

1. 旗帜广告

旗帜广告(图 1.2.2)是出现最早的一种广告形式。1994 年在美国在线杂志上出现的第一个网络广告就是旗帜广告。网络媒体在自己网站的页面中划分出一个画面来发布广告，因其形状像一面旗帜，所以称为旗帜广告，又称为网幅广告。网幅广告因为不可能占据太大的空间，所以在设计上往往只是提示性的——可能是一个简短的标题加上一个标志，或是一个简洁的招牌。但它一般都具有链接功能，暗示你可用鼠标点击或直接加上"Click me (here)""点击此处请进入"的字样，将你链接到更深处，去了解更详尽的广告信息。

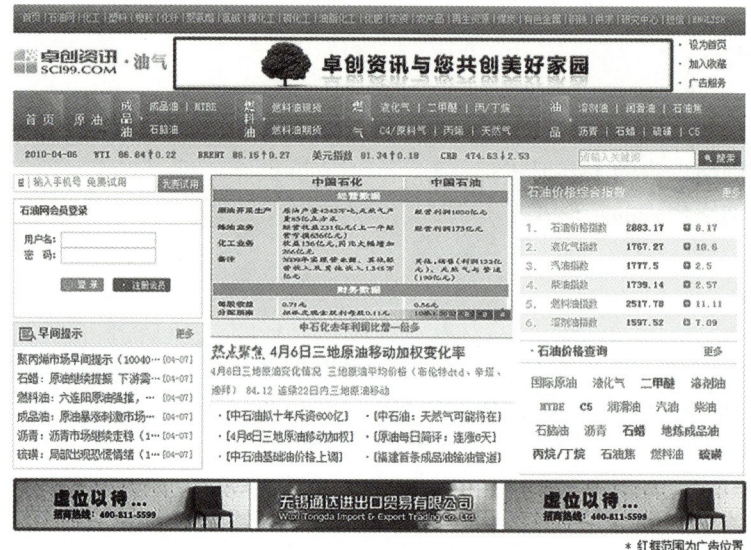

图 1.2.2　旗帜广告

2. 按钮式广告

按钮式广告(图 1.2.3)体型小巧，酷似按钮，因而得名。它通常只显示公司、产品/品牌的标志，也称之为 LOGO、ICON，点击它可以链接到广告主的主页或站点。它适合用来宣传企业的商标或品牌等特定标志。

图 1.2.3　按钮式广告

3. 网页广告

网页广告是在 2001 年出现的网络广告形式，又称为全屏广告，它是将广告主所要发布的信息内容制作成主页形式，充分利用整个页面的空间发布广告信息，版幅较大，视觉冲击力强，能给网络浏览者留下深刻印象。如图 1.2.4 为全屏广告实例。

图 1.2.4　网页广告

4. 飘浮式广告

飘浮式广告（图 1.2.5）是一种在网页页面上悬浮或移动的 Button 广告形式，它们沿一定轨迹浮动。它可以按移动轨迹分为两类：一是沿着某一固定的曲线飘动的飘移广告；二是随着网友拖动浏览器的滚动条而做上下直线浮动的滑动广告。这类广告可以自动适应屏幕分辨率，不被任何网页元素遮挡，同时可以支持多个图片飘浮。

图 1.2.5　飘浮式广告

5. 自动弹出式广告

自动弹出式广告（图 1.2.6）也称为插播式广告，浏览者打开页面后，自动弹出小窗口，以精致的小窗口网页，附上简单明了的文字图片信息，可获得产品的最高知名度和品牌。

图1.2.6　自动弹出式广告

6. 赞助式广告

赞助式广告(图1.2.7)一般放置时间较长且无须和其他广告轮流滚动,故有利于扩大页面知名度。广告主若有明确的品牌宣传目标,赞助式广告将是一种低廉而颇有成效的选择。

图1.2.7　赞助式广告

7. 搜索引擎广告

搜索引擎广告(图1.2.8)是指广告主根据自己的产品或服务的内容、特点等,确定相关的关键词,撰写广告内容并自主定价投放的广告。当用户搜索到广告主投放的关键词时,相应的广告就会展示(关键词有多个用户购买时,根据竞价排名原则展示),并在用户点击后按照广告主对该关键词的出价收费,无点击不收费。

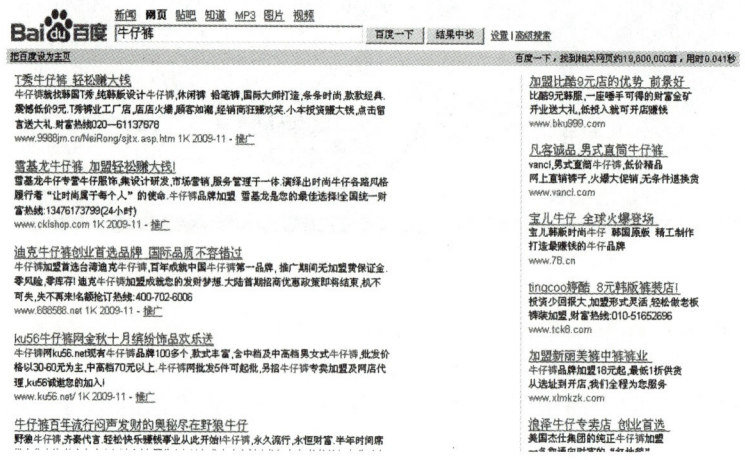

图1.2.8　搜索引擎广告

8. 墙纸式广告

墙纸式广告（图1.2.9）把广告主所要表现的广告内容体现在墙纸上，并安排放在具有墙纸内容的网站上，以供感兴趣的人进行下载。

图1.2.9　墙纸式广告

9. 分类广告

分类广告（图1.2.10）是一种全新的网络广告服务形式，是传统意义上的分类广告借助互联网这样一个载体的表现，它不仅可以使企事业单位和个人商户在互联网上发布各类产品信息和服务信息，还可以满足广大网民对消费和服务信息的需求。

图1.2.10　分类广告

10. 视频广告

视频广告（图1.2.11）可以直接将广告客户提供的电视广告转成网络格式，实现在线播放，具有良好的影音品质。采用先进数码技术将传统的视频广告融入网络中，构建企业可用于在线直播实景的网上视频展台。

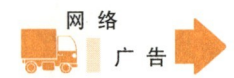

图 1.2.11　视频广告

知识准备二　根据表现形式划分

网络广告根据表现形式的不同可以划分为：文字广告、图片广告、动画广告和交互式广告四种。

1. 文字广告

文字广告（图 1.2.12）是以超链接的文字形式出现的广告，一般放在网站和栏目的首页。它采用文字标识的方式，介绍广告主的产品，是一种对访问者干扰最少的类型。文字广告中可以包括广告主的多个广告，每一个文字广告是独立的，一般是企业的名称，点击每一个文字广告后会链接到广告主的主页上。文字广告位置的安排非常灵活，可以出现在页面的任何位置并任意排放。随着位置的不同，价格通常也会不同。它也经常出现在网站的分类栏目中，其标题显示相关的查询字。这种广告非常适合于中小企业，因为它既能产生不错的宣传效果，又节约成本。

图 1.2.12　文字广告

2. 图片广告

图片广告（图 1.2.13、图 1.2.14）是以图片为主要形式来表现广告内容的网络广告。它和报纸、杂志等传统媒体上的广告很类似。通常来说，网络图片广告价格昂贵，按照"展现次数"和"展现质量"来收费：显示的次数越多，在网页上出现的位置越好，价格就越贵。这与报纸杂志上的广告几乎是一模一样。

图 1.2.13　图片广告 1

图 1.2.14　图片广告 2

3. 动画广告

动画广告（图 1.2.15）拥有会运动的元素，或移动或闪烁，又称为动态网幅广告。它们通常采用 GIF89 的格式，其原理是把一连串图像连贯起来形成动画。大多数动画广告由 2 到 20 帧画面组成，通过不同的画面，可以传递给浏览者更多的信息，也可以通过动画运用加深浏览者的印象，其点击率普遍要比静态的高。这种广告在制作上相对来说并不复杂，尺寸也比较小，通常在 15K 以下。正因为动画广告拥有如此多的优点，所以它是目前最主要的网络广告形式。例如，"百度身边"的客户端可爱的"百度身边"形象，通过手持手机的造型，既诠释了产品特性，又体现出无线客户端的特点。

图 1.2.15　动画广告

4. 交互式广告

当动画广告不能满足要求时，一种更能吸引浏览者的交互式广告产生了。交互式广告的形式多种多样，比如游戏、插播式、回答问题、下拉菜单、填写表格等，这类广告需要更加直接的交互，比单纯的点击包含更多的内容。交互式广告分为 HTML 和 rich media 两种。

（1）HTML 广告。

HTML 广告允许浏览者在广告中填入数据或通过下拉菜单和选择框进行选择。HTML 广告比动态网幅广告的点击率要高得多，它可以让浏览者选择要浏览的页面，提交问题，甚至玩一个游戏。这种广告的尺寸小、兼容性好，连接速率低的用户和使用低版本浏览器的用户也能看到。如图 1.2.16 所示，是阿里巴巴在 Yahoo! 中国上投放的 HTML banner 广告，通过选择页面的不同目录，用户就可以直接链接到阿里巴巴相关页面。实际上，这个 banner 已经成为一个小型的搜索引擎入口。

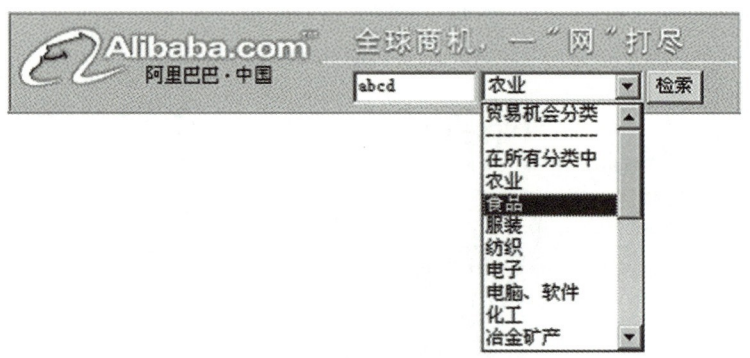

图 1.2.16　HTML 广告

（2）rich media 广告。

rich media 是指使用浏览器插件或其他脚本语言、Java 语言等编写的具有复杂视觉效果和交互功能的网络广告，这些效果的使用是否有效一方面取决于站点的服务器端设置，另一方面取决于访问者的浏览器是否能顺利查看。一般来说，rich media 能表现更多、更精彩的广告内容。rich media 广告属于宽带广告的一种，除了提供在线视频的即时播放之外，内容本身还可以包括网页、图片、超链接等其他资源，与影音作同步的播出，大大丰富了网络媒体播放的内容与呈现的效果。据美国 DoubleClick 调查结果显示，rich media 广告的点击率是普通广告的 6 倍。如图 1.2.17 所示，rich media 广告的自动播放不需要鼠标交互，即可完成动画的播放，这种方式被大量应用在 flash 广告中。奔驰汽车的互动广告——广告中没有文案，画面就是一个时钟，每过一秒钟，就有一辆汽车开了出去，用画面的意境体现：还等什么，Let's talk！

图 1.2.17　rich media 广告

任务实施

相对于其他广告形式，移动网络广告是网络广告出现的一种新形式，它借助于移动终端所特有的硬件或传感器实现传播，具有更强的达到率、互动性、定位能力、传播性、交易能力等特点,如 AR、二维码、蓝牙广告、LBS 基于位置的营销活动互动、与其他媒体的网络互动广告。移动网络互动广告是以移动终端浏览器为基础,以移动网页为展现形式的广告,如移动网页上的文字链接广告、图片广告以及品牌活动等形式。

App 植入广告是以 App 为广告载体,在 App 启动或运行中,植入了 iAD、AdMob 等第三方广告;App 互动展现广告,App 本身即为互动广告的营销平台,如宜家、Converse 等 App 应用。

1. 移动网络互动广告案例展示

该类广告(图 1.2.18)包含在 App 启动后的游戏中,在 App 上部或下部显示有广告,点击广告可以进入 App store 或以浏览器打开进入相应的广告主网站。这种广告模式是以 App 为基础,常以免费 App + 广告的模式出现,在满足用户需求的同时,也达到了广告传播的目的。

图 1.2.18 移动网络互动广告实例

2. QR 应用案例"你的简历够帅吗"

该广告(图 1.2.19)将一张个人简历做成一段视频,结合二维码打印出来。招聘方使用手机中的扫码软件即可看到视频。结合二维码可以很方便地把线下和线上链接起来。

图 1.2.19 "你的简历够帅吗"广告

3. 宜家(IKEA)AR 增强实景技术运用案例

该广告(图 1.2.20)运用宜家家居的 App,允许你将宜家的产品,以增强现实的方式显示在你的空间中。

图 1.2.20　宜家家居广告

4. Converse AR 互动营销 App

Converse AR 互动营销 App(图 1.2.21)和之前宜家的 App 创意如出一辙,都是借助增强实景技术,让消费者虚拟体验商品,然后促进购买。

图 1.2.21　Converse AR 互动营销 App

5. iPad 内嵌入式广告展示

iPad 内嵌入式广告(图 1.2.22),晃动 iPad 下面 banner 中的相机能根据 iPad 的晃动角度旋转不同视图,点击 banner 后全屏显示,手可以拖动相机做 360°旋转以展示相机的各个角度。

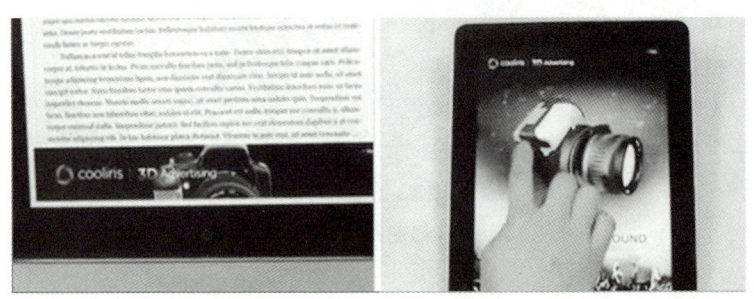

图 1.2.22　iPad 内嵌入式广告

移动互联网时代的到来,为人们的工作、生活提供了极大的便利,也给予我们更多的选择,移动网络广告让用户越来越拥有主动权,用户才是决定一个产品是否有用、一个广告是否有价值的关键。广告传播形式的转变,创造了一个新的广告产业,使我们在移动网络广告设计中,有了更大的创意发挥空间,更强的传播表现力。

思考练习

一、填空题

1. 按照传播方式不同,网络广告可分为_____和_____。
2. 网络广告根据表现形式的不同可以划分为_____、_____、_____和_____四种。

3. 基于 E-mail 的网络广告有_____、_____以及_____。

4. _____是广告形式出现最早的一种。

5. 1994 年在_____上出现的第一个网络广告就是旗帜广告。

6. _____适合用来宣传其商标或品牌等特定标志。

7. _____可以直接将广告客户提供的电视广告转成网络格式，实现在线播放，具有良好的影音品质。

8. 交互式广告分为_____和_____两种。

二、选择题

(   )是以移动终端浏览器为基础，以移动网页为展现形式的广告。

A. 网络广告　　　　　　　　　　B. 电视网络

C. 移动网络广告　　　　　　　　D. 媒体广告

三、问答题

请在网上搜索三则不同类型的网络广告，分析其主要形式和优势。

任务拓展

到各个网站浏览不同的 banner/button 广告，说出在不同的位置放置 banner 的意义，分析这样放置的原因。

任务三　网络广告的发展趋势

任务描述

网络技术的进步带来了网络广告市场的飞速发展，出现了多种网络广告的新形式，如来自应用软件的捆绑广告。目前已经有不少软件生产者和广告网络（代理）公司开始采用免费提供软件或付费让用户附加小程序的方法，来尝试这类形式的网络广告的发布。本节将介绍网络广告的发展现状并讨论网络广告的发展趋势。

任务目标

根据本项目任务的要求，确定以下目标：

(1) 了解网络广告的发展现状；

(2) 探讨网络广告的发展趋势。

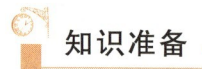

知识准备 网络广告的发展

从 1994 年 Wired 杂志推出的第一条网络广告 Banner 广告至今,网络广告的发展历史还是很短的。在其整个发展历程中,我们可以将其大致分为三个阶段:

1. 第一阶段:网络广告发展初期(1995—2000)

这一时期是网络广告诞生之后经历的最初阶段,网络广告得到了迅猛发展。以美国为例,根据美国交互广告署 IAB(Interactive Advertising Bureau)的统计,在美国,1997 年的网络广告收入为 9.06 亿美元;1998 年网络广告的收入就翻了一番,增长到 19.6 亿美元,并一举超过户外广告收入,占到当年广告总收入的 4%;2000 年全球的网络广告总额已经达到 89 亿美元,其中美国的网络广告的市场规模达 71 亿美元,比 1999 年的 36 亿美元增长了 97%,当时最大的网络广告客户是微软公司,其次是 IBM 公司。

中国网络广告的发展大体也遵循着世界网络广告发展的轨迹,第一个商业性的网络广告出现在 1997 年 3 月。当时 ChinaByte.com 发布了中国网络发展史上第一个商业性广告,其表现形式为 468×60 像素的动态 Banner 广告。和世界网络广告相同,中国最早的网络广告主要来源于 IT 行业,IBM 为其 AS400 的宣传付出了 3 000 美元。1997 年 4 月,ChinaByte.com(图 1.3.1)由国际权威的媒体监测机构 AC 尼尔森旗下的专业公司实现站点访问流量的第三方审计,迈出了与国际接轨的第一步。

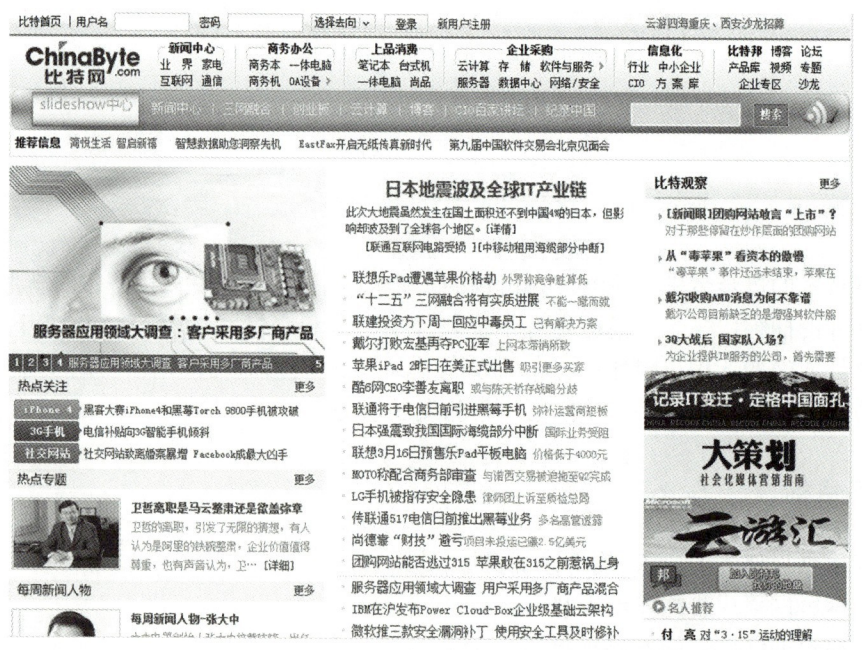

图 1.3.1　ChinaByte.com 网站

网络广告数量惊人增长的速度证明,网络广告这种新生力量有着极强的生命力,发展的态势异常迅猛。这不仅仅是由于网络的迅速普及,更由于它具备许多传统广告所不具备的优点。这一时期是网络广告发展的黄金时期。

2. 第二阶段：网络广告发展的低谷时期(2001—2002)

由于初期的网络广告增长过快，而对网络广告这门新兴学科的研究则相对滞后，一些管理上的问题逐渐暴露，人们对于网络广告的兴趣大打折扣，互联网上甚至掀起了反网络广告的运动。

当然，导致网络广告滑坡的最主要原因还在于这一时期的全球经济衰退。进入2000年后，网络经济泡沫开始破碎，大批中小网站抵受不住互联网的严冬而纷纷倒闭。当然以网站作为载体的网络广告遭到了严重打击，网络广告收入开始大幅下降。根据美国交互广告署IAB的统计，2000年第三季度，美国网络广告收入为19亿美元，比当年第二季度下降了6.5%，这是网络广告收入首次出现季度负增长，网络广告标志的点击率持续下降。从2001年第一季度开始，网络广告收入已经连续六个季度下滑。

在这个时期，不少人开始质疑网络广告这种形式的实际效果，甚至这一时期的不少文章开始对网络广告大加指责，导致的直接结果就是网络广告市场萎缩。网络广告的发展遭遇了重大挫折，进入低迷时期。为扭转网络广告的颓势，一些网站开始了大规模的网络广告形式创新，不仅仅是简单的形式变化，而是向着更有创新性和实用性的方向发展。美国交互广告署IAB也不失时机地推出了网络广告的新标准(表1.1)。

表1.1　网络广告新标准

IAB 1996年颁布的Banner广告尺寸规格		IAB 2001年2月颁布的Banner广告尺寸规格	
468×60	全条Banner	120×600	首位天顶Banner
234×60	半条Banner	160×600	宽天顶Banner
120×240	垂直型Banner	180×150	长方形Banner
120×90	按键型#1	300×250	中长方形Banner
120×60	按键型#1	336×280	大长方形Banner
125×125	方型按键	240×400	垂直长方形
88×31	微型按键	250×250	方块型弹出式

在国内，由于受到网络寒流的影响，网络广告市场的营业收入增长也放慢了速度。网络公司从疯狂烧钱转向开源节流。美林的研究报告指出，由于中国网络广告经营环境的恶化比预期更为严重，故将2001年中国网络广告开支总额预测由1.2亿美元减为8 000万美元。在整个中国，当时只有433家企业在网络上做广告。

总之，在这一时期，虽然由于全球经济衰退导致网络广告面临着极大的困难，发展受到制约，但同时，也激发了广告商们为走出困境进行了一系列的变革。如在当时，大部分商业网站都推出特殊形式的大尺寸广告，强制性的弹跳窗口、悬浮图片等形式的广告也层出不穷，的确丰富了网络广告的类型。不仅如此，这一时期的网络广告更向着内容的创新性和实用性的方向发展，网络广告不再像传统媒体一样仅仅只是展示和介绍商品，它更利用网络的互联快捷的特点体现着网络广告的交互性，在最大程度上吸引着浏览者的眼球。

3. 第三阶段：网络广告的春天(2003年至今)

随着网络经济的发展，尤其是电子商务和网上购物的成熟，网络广告环境开始恢复和完善，开始进入了初步繁荣的时期。

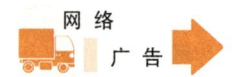

艾瑞市场咨询(iResearch)从摩根斯坦利报告中了解到,2006年美国网络广告支出规模为160亿美元,其中搜索引擎广告支出达到67亿美元,在网络广告支出中所占比例为42%;搜索引擎广告支出今后将保持25%的年度增幅,2010年达到158亿美元,在美国网络广告支出中占到50%的比例;与之相比,美国显示图形类广告支出2010年达到62亿美元,在美国网络广告支出中占到20%的比例。美国网络广告市场规模及份额如图1.3.2所示。

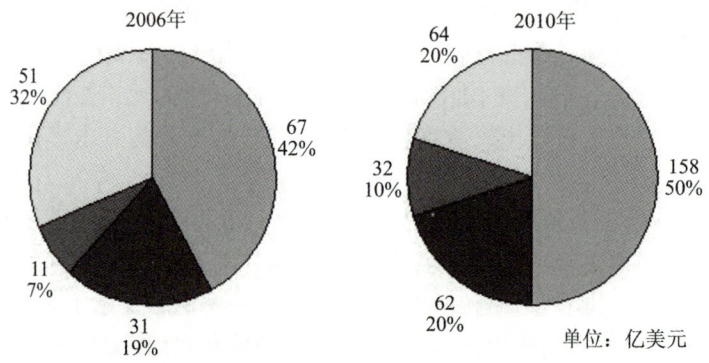

图1.3.2 美国网络广告市场规模(2006年、2010年)

对于中国网络业来说,网民的增长为网络广告市场的扩大提供了有力的保证。广告的存在是需要受众的,网络广告同样需要网民。网民越多,网络广告的市场也越大,自然就会有更多的广告主青睐网络广告了。2010年,我国网民规模继续稳步增长,网民总数达到4.57亿,互联网普及率攀升至34.3%,较2009年底提高5.4个百分点。

根据iResearch的调研数据显示,2009年第一季度中国网络广告市场规模为34.3亿元,2009年第二季度开始,中国网络广告市场出现快速回升,2009年全年中国网络广告市场规模达到207.4亿元,同比增长22%。当时iResearch预计2013年中国的网络广告市场规模可以达到968.2亿元(图1.3.3)。网络广告的市场发展迅速势必推动网络广告的发展,当今网络广告正保持着良好的发展势头。

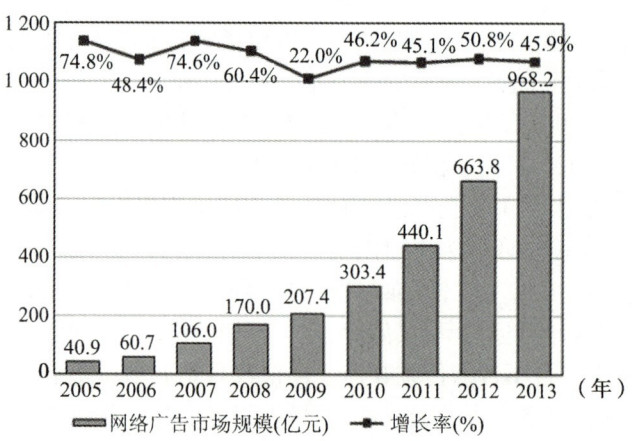

图1.3.3 2005—2013年中国网络广告市场规模

任务实施

步骤一　分析网络广告发展的四种趋势

（1）管理从无序状态趋于有序状态，也就是说管理更加规范化，主要有两方面的因素来推动。首先，国家对网络广告管理要重视；其次，网站本身也需要把网络广告管理规范化和完善化，在创业的阶段，网络管理人员的素质、管理经验都存在一些薄弱环节，而现在的网络公司正逐渐走向成熟。

（2）价格问题。价格战一直在混乱中进行，有些网站甚至完全免费，这是因为网站数量增加得很快，有些网站为创造知名度，为增加一些市场份额，把价格压得很低，竞争非常激烈。另外，客户在市场中日渐成熟，甚至比某些从业人员更懂得行业规则，因此价格的透明化势在必行。

（3）网络广告的形式已经开始变得多样化和复杂化。随着中国网络广告规模的逐年扩大，多种多样的网络广告形式也在蓬勃发展。常见的网络广告形式有以下几种：普通网幅广告、普通按钮广告、页面悬浮广告、鼠标响应网页网幅广告、鼠标响应网页悬浮广告、弹出窗口广告、网上视频广告、网上流媒体广告、网上声音广告、QQ上线弹出广告、QQ对话框网幅广告、电子邮件广告等。在文字、图片、音频乃至视频上的表现形式各具特色，已经表现出充分的生动性和多样性。现在，诸如流媒体、VRML等网络视频技术的发展，为网络广告的发展提供了技术上的保障，随着互联网技术的发展及宽带技术水平的提高，网络广告的表现形式也越来越丰富。未来，富媒体广告、网络游戏植入式广告将越来越受到广告主的青睐。

（4）客户趋向于多样化行业。从刚开始的 IT 企业，比如联想、诺基亚、Intel 这种客户，发展到如今的房地产、汽车、药品等客户，最让人感到振奋的是消费品行业也开始介入网络广告，希望通过网络推广形象和产品。

另外，客户行业的类型也有很大变化，原来的很多客户都是一些跨国企业，基本上是一些国外知名的大公司；现在很多国内企业，包括民营的、国营的，甚至私营的，也愿意投入网络广告。如何用少量的钱来达到较大的效果，这是对网络广告业的一个挑战。

步骤二　对网络广告的发展建议

当前我国的网络广告还处于起步阶段，面临着许多困难，外部条件与内部条件都需要进一步成熟。外部条件是国际互联网的建设（稳定性、传输速度等）需要加强；公众对互联网的熟悉程度、技术掌握程度与电脑的普及程度都有待提高；公众上网所需费用还未达到普遍接受的程度等。内部条件则有网络广告的管理法规尚未完善；网络广告制作、维护公司整体素质不统一、水准良莠不齐等。这些困难在一定程度上制约着网络广告的迅速发展。有鉴于此，我们对网络广告的发展提出以下建议：

1. 解决网络广告中的法律难题

电子商务属于盈利性的商业行为，与之关联的网络广告当然具有经营性广告的性质，这是不言而喻的。在电子商务快速发展的今天，如何对网络广告进行法律规范，涉及一系列的法律与管理上的问题。

在我国，网络广告的发展有着巨大的潜力，完全可能成为广告业界的"大户"。是否比照传统媒体的运作方式,对网络广告实行目前广告法规定的法律调整,这值得探讨。美国和日本为了推动电子商务的发展,对在线交易实行全面免税;网络广告的管理也采用比较宽松的模式,即除非某种重大的不正当竞争和恶意广告,政府对网络广告网开一面。网络具有与传统媒体迥然不同的开放、互动的结构,因此,不可能完全采用传统媒体的办法来规范网络广告,而应当采用一种比较缓和的办法。具体方式可以是:

(1) 政府管理与 ISP、ICP 自律相结合。ISP、ICP 是网络运作与管理的重要环节,离开了 ISP、ICP,政府就无法对网络实施有效的管理。这里所说的 ISP、ICP 的自律包含两层含义,一是 ISP、ICP 自身必须遵守广告法和相关法规,抵制不正当竞争和虚假、欺骗广告;二是 ISP、ICP 应当在经营的范围内,规范所托管的主页,一旦发现恶意广告行为时,要尽管理人的法律责任。

(2) 法律与业界的章程相结合。对电子商务而言,法律当然不可能预先穷尽规则。这就需要行业的章程在法律正式出台前的空白期起到游戏规则的作用。例如,对商业网站的规范、对个人主页的管理都必须有一个可行的章程。ISP、ICP 在用户电子邮件地址的管理上,负有特殊的责任,也应当研究相关的章程。

2. 完善网络广告业的监管体系

随着国际互联网的快速发展,内地从事互联网业务的企业越来越多,截至 2018 年底,全国共有一定规模的网站约 1.5 万余家,利用互联网提供信息服务和发布广告已成为网络公司的主要业务。但是,目前互联网广告中存在着许多问题:有些网站发布虚假广告,欺骗消费者;有的网站发布了法律、法规禁止或限制发布的商品或服务的广告;有些特殊商品广告发布前未经有关部门审查,内容存在着严重的问题;一些网站在广告经营中存在着不正当竞争的行为等。这些行为都制约了互联网广告这一新生事物朝着健康、有序的方向发展。

3. 进一步提高网络广告的创意、制作水平

当前我国还基本处于广告创作人员与网页制作人员相脱节的状态。即广告创作人员不懂网页制作知识,网页制作人员欠缺广告专业知识。因此培养兼具这两种知识的人才是当务之急。同时,基于网络广告的交互性与可统计性,及时反馈受众的信息,定期更新广告的信息,保持新鲜感与实用资讯,也将是网络广告制作的发展方向。

随着网络广告形式的多样化和旗帜广告创意的复杂化,网络广告完全可以用作扩大品牌知名度、提升品牌形象的手段。而在这种情况下,我们应当关注的是广告达到目标观众的范围有多大,频次有多少,暂时可以不去追究广告有多少人点击,不再为点击率的高低所困扰。当然,对于特定的广告活动(特别是促销活动,或邀请目标观众参与),如广告被用来催动目标观众到广告主的特定页面上去接受更多的信息时,点击率仍然十分重要。

促进我国网络广告业良性发展的有效措施还包括:广泛普及网络的技术知识,加快信息产业的建设,降低公众上网所需资费,为公众上网创造良好的外部环境等。

随着经济全球化、贸易自由化的进一步推进,市场的竞争日趋激烈,广告业得以迅猛发展。作为一种全新的广告形式,在市场需求多元化,网络媒体继续高速发展的趋势下,网络广告的优势将得到越来越多的广告商的认可。面对已经取得的成就,网络广告行业在欢欣鼓舞的同时,还应该积极探索网络媒体的新特点和发展方向,适时地采取新技术、引入新理念,开发出更切合实际的网络媒体模式,更适合消费者和市场需求的广告形式。

思考练习

一、填空题

1. _____年10月14日,美国Wired杂志网络版的主页出现了第一条网络广告,其广告形式为_____。

2. 中国的第一个商业网络广告出现在_____年3月,是一幅468×60像素的_____形式的广告。

3. 网络广告发展的低谷时期是_____。

4. 当前我国的网络广告还处于起步阶段,面临着许多困难,_____与_____都需要进一步成熟。

二、问答题

分析网络广告发展的四种趋势。

任务拓展

试分析中国网络广告和国外网络广告的发展历程有何异同。

创意网络广告

一、项目简介

　　网络广告创意是一种艺术构思活动,即根据广告所要表现的主题,经过精心思考和策划,运用艺术手段和网络工具将所掌握的材料进行创造性的组合以塑造具体的、可感知的形象的过程。在现代经济中,如果没有良好的营销传播,就很难在市场上取得成功。在广告营销传播活动中,如何充分地传播品牌理念、全面地阐释广告主题,创意是重中之重,尤为关键。创意是连接品牌与消费者的物质形式,是引起消费者注意、激发消费者购买欲的驱动力。创意不是一种表面的设计构成形式,而是以正确的品牌理念和传播策略为指导的表现形式,创意的形式永远为内容服务。随着电子商务行业的发展,广告信息海量聚焦在互联网上,这样就对广告创意提出了更高的要求。

二、项目目标

　　创意是为了表现广告主题而进行的新颖独特的、带有创造性的构思,也被称为"好点子"。网络广告建立在网络新媒体的基础上,其创意具有与传统广告不同的特点:跃动性、链接性、多样性、互动性。本项目的学习旨在培养学生的创意和创新能力。

三、工作任务

　　根据"网络广告欣赏与分析"和"网络广告创意与制作"两个任务的要求,基于实践工作过程,以任务驱动的方式完成以下任务目标:

（1）创意网络广告欣赏和分析。
（2）创新网络广告的设计,能够设计出创意网络广告。

项目二　创意网络广告

任务一　网络广告欣赏与分析

 **任务描述**

艾燕文化网络传媒公司为了公司更好地发展，对年度的创意网络广告进行分析和总结，寻找企业发展的新思路和新方法。

请同学们选择一家合适的网站（如三视觉、包图网），观看其创意网络广告，并对其进行赏析。

三视觉网址：http://www.3visual3.com/ad/

包图网网址：https://ibaotu.com/

 任务目标

根据本项目任务的要求，确定以下目标：

（1）通过查阅逐步了解和分析广告创意；

（2）能够分析各类创意网络广告的优势和创新点；

（3）能够了解创新的原则和方法。

 知识准备

知识准备一　创意网络广告的优势和创新点

1. 创意网络广告前景看好

中国大多数的网络广告主都"被告之"网络广告策划中极具魅力、体现水平的部分就是创意。一是内容、形式、视觉表现、广告诉求上的创意；二是技术上的创意。网络广告的创意因素主要来自互联网本身，互联网是一个融合了其他媒介特点的超媒介，因为不同的传播目的、传播对象，可以承载不同的广告创意，带来了更加多变的表现方法，为网络广告创意提供了更多的方向。

2. 互动性是网络广告创意成功的关键

网络广告的创意要强调互联网本身的媒介特性，即交互性和实时互动性。互联网作为一种互动性的媒体，不单是一个传播者，更能实现双向沟通。网络广告的独特之处在于其互动性，最出色的互动广告创意人应该充分认识到这一点，站在发展的最前沿，并拥有扎实的广告创作技巧和专业知识。

好的网络广告能唤起用户发动身边的亲友去共同感受，既是"反馈"的渠道，又是"评说"的平台，这正是交互性网络广告的优势。当然网络广告创意仅仅有互动性还不够，还必须更单纯、更直接，而且吸引眼球，也就是创意。

总之，作为广告人应该创造出更有创意、更有趣味、更人性化的互动网络广告。

知识准备二 创意的原则

广告创意的原则：

（1）目标明确。必须考虑：广告创意要起到什么效果？达到什么目的？

（2）足够吸引人。网络广告必须要能吸引受众的注意力。

（3）简洁明了。广告创意必须简洁明了，切中主题，才能使人读懂广告创意所传达的信息。

（4）具有互动性。最好能设计出可以与受众进行互动的广告，以调动他们的兴趣，使其主动参与到广告活动中来。

（5）精确性。网络广告必须明确到目标对象，了解他们的心理特征，把合适的信息传达给适合的人。

很多的广告创意都是遵循规则的产物，是大量学习的结果，而不是漫无方向的发散思维。研究发现，大量的创意广告实际上遵循了6大模板，它们分别是：形象化类比、极端情景、呈现后果、制造竞争、互动实验、改变维度。每个人特有的思维形式都能成为一种创意，当然创意的能力是可以通过学习和锻炼来获取及提升的。

任务实施

步骤一 分析广告使用的创意模块

长城是中国的象征，超人是正义的象征，子弹是速度的象征……总之，几乎任何一个抽象的概念，你都可以找到一个"象征物"。把它同自己产品的某个方面（比如形状、LOGO、包装）结合起来，你就得到了一个"形象化类比"的创意广告。

（1）如图 2.1.1 所示的水密码创意广告就是"形象化类比"的创意广告。

图 2.1.1 水密码创意广告

以上图中的水密码创意广告为例进行分析：

要表达的信息	海洋属性、极度补水、温暖治愈
该信息的象征	浮在大海上的巨大的水密码
连接点	在大海上跑向水密码的 IP 人物
创新模式	形象化类比
优势	具有视觉冲击力、IP 自带流量、为推广引流

（2）请同学分析图 2.1.2 所示的创意广告，并在下表中填入分析结果。

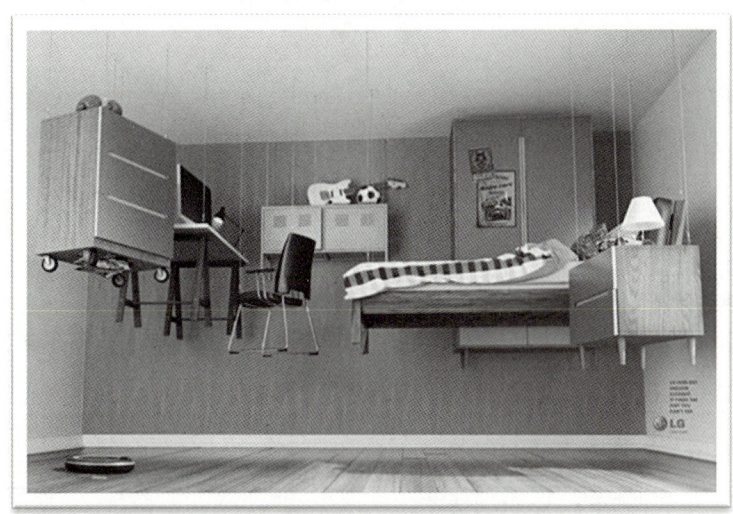

图 2.1.2　LG Hom-Bot 智能吸尘器系列创意广告

要表达的信息	
该信息的象征	
连接点	
创新模式	
优势	

步骤二　分析广告颜色搭配、结构组合、文案技巧

最能够体现网络传播交互性的是电子商务网站，这类网站对商品分类详细，层次清楚，可以直接在网上进行交易。既是"反馈"的渠道，又是"评说"的平台，具有互动性。

（1）如图 2.1.3 所示，以包图网上的红米手机广告为例，分析广告颜色搭配、结构组合、文案技巧。

图 2.1.3　红米手机文案设计

以红米手机创意广告为例进行分析：

行业	电商平台—综合电商
规格	1 280×720
投放流量	移动平台
CTR 高于同行业	114%
品牌元素	LOGO 色彩鲜艳与背景对比强烈，平台可靠感强，增加创意可信度
洞察	红米知名品牌，用户比较信赖 9.9 元到手价，活动力度大，利用用户求利心理，增强购买欲望
主视觉	简约灰色调画面，符合产品气质，背景线条的添加渲染画面科技感，产品与线条的排列创意呈现倾斜效果，独特视觉吸引用户关注
文案联想	A. 信号强，不向距离妥协 B. 沉浸天籁音乐国王 C. 别怪我太低调，只因升级在"芯"

（2）请同学分析图 2.1.4 所示的创意广告并完成下表。

图 2.1.4　高跟鞋创意广告

行业	
规格	
投放流量	
CTR 高于同行业	
品牌元素	
洞察	
主视觉	
文案联想	

思考练习

一、名词解释

1．广告表现
2．创意思维
3．视觉表现

二、问答题

网络广告的发展历程是怎样的？

三、选择题

1．网络感性诉求广告的创意方法有（　　）。

A. 感知效应　　　　B. 情趣效应　　　　C. 情感效应　　　　D. 利益效应

2. 进行广告创意要有正确的广告创意观念、正确的（　　）、正确的广告创意思维、正确的广告创意方法。

A. 广告创意策略　　　　　　　　B. 广告创意程序
C. 广告创意目的　　　　　　　　D. 广告创意主意

3. 网络广告创意的意义在于（　　）。

A. 建立服务于公司形象和产品形象的观点
B. 介绍公司
C. 介绍产品价格
D. 宣传产品

4. 网络广告创意的原则有（　　）。

A. 准确定位　　　B. 恰当表达　　　C. 引人入胜　　　D. 切实可行

**任务拓展**

请你在淘宝和京东上寻找创意比较好的网络广告作品,并且撰写分析报告。

案例：妮维雅惊吓止汗剂互动创意——通缉的就是你

我们相信,一个好的广告创意能够快速地传递信息,从而使其品牌深入人心。而一个构思奇妙、出其不意的广告创意是以用户的需求出发的,那么结果会更神奇。譬如说,德国的一款护肤品妮维雅广告就是试图通过整蛊方式来制造惊喜,给用户创建意外的记忆,从而产生强烈的情感和记忆,促进用户的自发传播。在一定程度上,惊喜和快乐能够成为网络传播的动力,达到口口相传的"病毒"效果。

广告产品：德国妮维雅止汗香氛系列产品。

一、广告简介

为了推广新款止汗香氛系列产品,德国品牌妮维雅借用警匪片中的"通缉令"手段,构思出了一个极具创意的广告"通缉犯",巧妙地宣传产品的特点及用途。通常情况下,当在公共场所无端面临巨大的精神压力时,除了惊出一身冷汗外,你会有怎样的表现呢？该广告就在机场内设计了一场追捕通缉犯的场景,数位在机场候机的乘客被选中并成为"通缉犯",出现在特制的报纸、广播和新闻节目中,并通过电视直播等形式来"通缉"乘客。这些"幸运"的乘客们在逼真的环境下百口莫辩。过程是惊险刺激的,结局是美好而难忘的。

二、广告创意

相对来说,人感知来自外界的威胁时所表现出的恐惧、不安的心理在广播、电视等媒体上最具有互动性。而这个广告的原创性在于营销团队准确地把握了人们在某种情况下的心理特征,找到了适合的切入点来表现妮维雅新品"STRESSPROTECT"这一消费者利益点。它首先选择了合适的场景——机场,巧妙地借用警匪片中"通缉令"的环节,然后特意设置目标消费群成为"通缉犯",极具悬念的手段配合妮维雅止汗的功能,以绝妙的创意互动突出品牌的特点,吸引目标受众的更高的关注度。营销团队以这种恶作剧的形式,无须大力宣传就推动了网民的自主传播。另一方面,当主角们面对恐惧、威胁时表现出惊慌失措的神态,非常吸引人,广告结尾适时推出自己的产品:既然拿到妮维雅新品,不妨直接使用,让冷汗停止吧!画面最后定格在"NAVEADEOSTRESSPROTECT"的产品上,巩固了产品的形象,又加深了广告受众对品牌的认可度。

三、广告策略

1. 利用情节的戏剧化形态制造悬念

悬念策略是广告创意中经常使用的手段,这种手法通常是先将商品委婉地表现出来,使人乍看广告画面时不解题意,造成一种猜疑和紧张的心理状态,激发消费者的好奇心和强烈举动;然后通过广告标题或正文把广告的主题点明出来,使悬念得以解除,使人留下难忘的心理感受。该广告以产品止汗、舒缓紧张感的特性为切入点,通过设计戏剧化的剧情,加强与消费者的现场互动,提升品牌的形象。

2. 广告理论(ROI)的运用

妮维雅的创意广告准确地把握了广告应具备的三个基本要素,即ROI:关联性(Relevance)、原创性(Originality)、震撼性(Impact)。首先,该广告创意的主题与商品、消费者密切相关。广告首先向我们提出疑问,人在遭遇无端压力的时候,究竟会怎样?答案是会出汗;然后清晰地传递出妮维雅止汗、缓解压力的特点,通过消费者的亲身体验来吸引更多的目光,充分体现了广告的关联性。

其次,该广告创意最与众不同之处在于它选择了机场这个有着不同年龄层次人群的地方,并通过设置悬念,给广告受众开了一个美丽的玩笑,让人感觉很真实。接下来,在其选中的"通缉犯"表现出很茫然、无助时,送上具有止汗香薰功能的妮维雅新品,让人又惊又喜。这种整蛊与惊喜的形式搭配给消费者留下了强烈的心理感受,从而激发消费者尝试的欲望与行为。

再次,就是所谓的震撼性原则。如果一条广告作品在视觉、听觉乃至心理上对受众产生强大的震撼力,其广告的传播效果才能达到预期的目标。从一个消费者的角度,当我们第一次看到这个广告时的确会被震撼。该广告的创意想法"通缉的就是你",营造了强烈的紧张感与不安,惊吓的互动冲击着消费者的心灵,既宣传了妮维雅止汗剂的效果,也使消费者在震惊中留下深刻的印象。

3. 诉求重点突出

本片3分钟的内容准确地表明其诉求重点,片头打出"THESTRESS"这个概念,通过制造悬念展示目标消费群在遭遇无端压力时的不安、惊慌失措的表情,最后在人们惊出一身汗的时候,宣传人员送出自己的止汗香氛新品,让人在恍然大悟中不禁莞尔一笑。

该广告简洁明了地点明广告的主题,让消费者明明白白、清清楚楚、毫无偏差地接收到唯一的信息:妮维雅是止汗、舒缓心情的产品。妮维雅这款新品适合的消费群十分广泛,上至四五十岁的成年人,下至二三岁的小孩都能接受。

4. 玩心跳的营销战略

在广告视频中,我们可以看到未犯罪的人听到自己"你被通缉了"时大冒冷汗的表现,旁观者也是很疑惑。正是这种故意留下的悬念吸引了观看者的眼球,想要弄清楚这是为什么?片尾谜底突然揭晓,送你一盒妮维雅止汗香氛产品。这样玩心跳的营销活动,实质上是妮维雅为推广其止汗香氛系列产品精心策划的一个"美丽骗局"。妮维雅这次别出心裁的"心跳营销",用惊吓诉求的手法,让消费者在紧张氛围中,形成对产品的深刻记忆,同时因

恐惧心跳而出汗,也与止汗香氛产品形成合理结合。

在广告创意中,妮维雅的宣传主要集中在引导消费者选择的层面上。通过上演这场整蛊互动营销,不但让参与互动的消费者快速地记住了其产品的特点和功能,更通过这种形式,刺激消费者自主传播其品牌信息,在整蛊消费者的同时也给消费者带来了欢乐。实践告诉我们,电视上硬生生的品牌植入已不被消费者买账,在广告竞争日益激烈的今天,不如给消费者来点刺激和惊喜!

任务二　网络广告创意与制作

 任务描述

学校在电子商务技能节活动中征集网络广告创意金点子,请你根据所学习的知识设计并制作一个创意广告。

 任务目标

根据本项目任务的要求,确定以下目标:
（1）能制作简单的创意网络广告;
（2）能够具备创意创新的能力。

知识准备

1. 广告设计中的三种创意方法

（1）在生活中获取创意。

生活经历能成为设计师创意灵感的来源,经过提炼升华,并结合宣传主题体现在设计中,引发受众思考。

（2）在知识积累中获取创意。

知识是拓展思维空间的基础,知识的积累使人们能关注到事物之间更多的关联,创意的魅力在于变换和转化,扔掉旧事物,创造新事物,在更新完善过程中形成新的思想,从而体现出其中的价值。

（3）在实践中获得创意。

实践就是把思想付诸行动。在实践中积累经验,从生活细节中找到灵感,将从行动中获得的灵感与各位朋友分享。

随着人们审美水平的不断提高,与之相应的广告创意也要着眼于与消费者和社会公众的长远利益和目标相一致,在内容上体现出对消费者周到的关怀和对社会利益的真诚关注,在策划、设计和制作过程中充分利用现代科技手段,采取丰富多彩的艺术表现形式。创意一般分为五个阶段:调查阶段——资料分析阶段——诉求点分析阶段——诉求点评价阶段——确定好的创意。

2. 网络广告的设计理念

(1) 以受众为中心:网络广告的最终目的是让广告对象在心理上接受,只有达到这一目的才是真正的成功。

(2) 以感情诉求作为广告策略模式:从情感层次发掘商品与消费者的连接点,运用文化的魅力来释放消费者的情感。

(3) 以争夺注意力为最终目标:在商业广告活动中,媒体的等级是以注意力的获取来划分的,注意力意味着影响力。

3. 制作创意广告的方法

(1) 要选择一个有吸引力的创作主题。

(2) 广告不仅是为了推销产品,同时也是建立品牌形象的一种方式,所以广告创意要注重品牌亲和力。

(3) 可以营造浓郁的文化氛围,这样做既新鲜又能达到良好的宣传效果。

(4) 抓住消费者注重自身利益的心理特点,注重宣传产品给消费者带来的好处。

(5) 尽量与消费者建立强烈的情感共鸣。

任务实施

步骤一 选择产品、分析产品、确定方案

广告文字设计要抓住消费者注重自身利益的心理特点,强调宣传产品给消费者带来的好处,如图2.2.1所示。

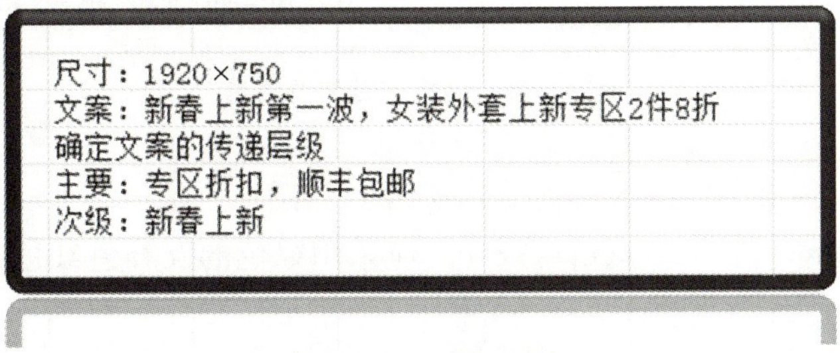

图2.2.1 方案信息

步骤二 确定设计理念、区分信息主次、增强对比

可以先将文案全部打印,便于后期操作;然后根据设计目的,提取主题关键字,重要的信息放大显示,次要的信息缩小摆放。文字排版要根据信息的重要层级排列,不能随心所欲,只图美观。请参照图2.2.2与图2.2.3所示。

图 2.2.2　文字信息初始状态

图 2.2.3　突出关键文字信息

> 步骤三　减弱次级信息,与消费者建立强烈的情感共鸣

如图 2.2.4 所示,广告中重点信息"8 折"应采用绿色的互补色红色,进一步突出主体,对比更加强烈分明。

图 2.2.4　突出主体信息

步骤四　添加创意，信息视觉化与增添细节

尽量将读者视线集中锁定在中间。将信息视觉化，比如在"顺丰包邮"边上加了一个飞机图标，在"活动时间"边上加了一个闹钟图标，让消费者更快速地感知信息。另外可以添加一些线条变化，让画面充满形式感，打破常规，如图 2.2.5 所示。

图 2.2.5　增加视觉效果

步骤五　营造浓郁的文化氛围

设计时加入了一些绿色以点缀些春天气息，同时加入投影，让画面更有空间感，如图 2.2.6 所示。

图 2.2.6　营造文化氛围

即使完全一样的文案信息，不同的设计目的和理念，也会导致不同的结果，参见图 2.2.7 所示。

图 2.2.7　设计理念对比

思考练习

一、名词解释

1. 设计理念
2. 创意诉求

二、问答题

1. 网络广告创意过程包括哪五个步骤?
2. 网络广告创意的核心工作是什么?
3. 网络广告创意过程中较为流行的方法有哪几种?

三、选择题

1. 广告创意环节的流程是(　　)。
   A. 收集创意素材→消化创意素材→产生创意→酝酿创意→检测创意
   B. 收集创意素材→消化创意素材→酝酿创意→检测创意→产生创意
   C. 收集创意素材→消化创意素材→酝酿创意→产生创意→检测创意
   D. 收集创意素材→酝酿创意→消化创意素材→检测创意→产生创意
2. 广告创意的内容要以广告受众的理解度为准,在广告创意中切忌复杂难懂、隐晦高深的说教和推理,这反映了广告创意的(　　)特性。
   A. 形象　　　　B. 理解　　　　C. 简洁　　　　D. 关注

任务拓展

绿源食品有限公司新研发了一款饮料,请你查阅资料进行创意网络广告设计。

项目三 设计网络广告

设计网络广告

一、项目简介

引起网民注意是网络广告取得成功的第一步。如何能够引起网民的注意,这就要求网络广告设计人员对内容的各个要素进行精准分析和精细设计,以达到完美的效果。

二、项目目标

本项目通过"网络广告视觉组成元素""网络广告色彩设计""网络广告版面设计"和"网络广告交互设计"四个任务,根据广告设计的各个要素进行广告设计,力求达到完美的网络广告效果。广告制作中必须要注意页面中对各元素的设计,只有将每一个细小的元素都设计精细才能够成就一则完美的网络广告。

三、工作任务

根据以上五个任务的要求,基于实践工作过程,以任务驱动的方式,完成以下任务目标:

(1) 熟悉网络广告的视觉组成元素。
(2) 理解广告设计色彩搭配原理,能从目标对象中提炼色彩元素。
(3) 认识文字设计的重要性,能根据要求构造合适的文字设计。
(4) 能运用原理构造出合适的版面。
(5) 理解网络广告交互设计的原理。

任务一　网络广告视觉组成元素

任务描述

为"华米9"手机设计一则网络广告,明确应该在网络广告中呈现哪些元素。

任务目标

根据本项目任务的要求,确定以下目标:
(1) 熟悉网络广告的视觉组成元素;
(2) 理解网络广告的视觉传播原理。

知识准备

知识准备一　网络广告的视觉组成元素

网络广告的视觉组成元素:背景、图像、文字、色彩、广告语以及交互形式。

1. 背景

所谓背景,是指广告以整幅连续的画面,或统一的底色作为贯穿始终的背景,而不是将几个图像拼接在一起,或更换背景及色彩。从占用流量上看,网络广告占有的"空间"是一般信息的十几到几十倍,如此大的空间,如果使用贯穿始终的统一背景,其视觉效果当然也会比一般信息强十几到几十倍,如果运用得当,甚至可以产生一加一远大于二的效果。

2. 图像、文字、色彩

网络广告中的视觉形象大部分是通过图像的方式来进行传播的。文字在表达和传递方面发挥着关键的作用,是网络广告的主要构成要素,几乎所有的网络广告都含有文字。色彩在广告语言中扮演着非常重要的角色,如同人的衣着一样,最先、最持久地给受众留下深刻的印象。

图像、文字、色彩部分的内容会在后面的任务中做详细介绍。

3. 广告语

广告语,又称广告词,它是为加强受众对广告主题信息的印象,在广告中长期、反复使用的一句简明、扼要的口号性语句。一个优秀的广告语的作用是多面的,其影响力也是长久的。无论企业出于何种目的、采用何种形式,广告语一直都被认为是一则广告的"灵魂",它以凝练的形式完整、形象地概括广告内容、广告主旨,并形成易于传播和记忆的语言。网络广告的主题广告语应该具有以下特性。

(1) 新奇性。

由于网络媒体的特点,使得网页上的信息量要比其他媒体多,在如此海量的信息中,如何吸引网民的注意,内容新奇、形式简洁、表达清晰的广告语不可或缺。语言拥有震撼力、感染力或者爆发力,能直接打动人的内心,只有这样才能引起网民的注意,并吸引他们点击广告。

（2）话题性。

网络是一个永远不缺新话题的地方，现代社会绝大多数的话题都是最先通过网络流行起来的，因此具有话题性的广告语一方面能引起网民的注意，另一方面也能使得网民自发地传播，特别是一些具有网络特性的话题，这些话题的认同感更加强烈。

（3）流行性。

网络是目前信息流通最为迅速的媒体，几乎所有的信息都是通过网络来进行传播的，因此也可以说网络引领现实社会的潮流。符合潮流且顺应流行趋势的话题自然能引起网民的注意力，配合视觉呈现好的流行元素，则更能刺激网民的视觉，从而加深对品牌或者产品的认识。

4. 交互形式

网络交互行为即广告里的文字或图像对网民的点击等动作予以反馈，二者通过网络达成某种程度的互动，完成广告信息的传达甚至完成商品交易，实现购买行为。交互式广告的形式多种多样，比如游戏、插播式、回答问题、下拉菜单、填写表格等。这类广告需要更加复杂的设计，设计的重点在于"体验"，比单纯的点击包含更多的内容。

知识准备二　网络广告的视觉传播原理

广告设计之所以对人的视觉、知觉及其心理现象感兴趣，是在于广告诉求的目的，需要以心理学的研究成果或观念体系、方法来作为参考进行广告设计。丹尼尔·贝尔在论述资本主义文化现象时指出，"现代美学如此突出地变成了一种视觉美学，当代文化正在变为一种视觉文化"。

视觉传达现象在生活中普遍存在，人们获取信息的主要途径是凭借视觉。在广告设计作品中，各种充满语义的符号、色彩、图形、文字，都以各自不同的视觉诉求向受众施加影响。

视觉传达是人们对外界感知、信息摄入、分析、比较、判断、储存、输出的过程；是以人为起点，以把信息通过媒介传达给人为终点的过程。视觉传达的本质，也可以说是视觉信息的传达。视觉传达的成败，它的功能价值、经济价值、美学价值的高低，取决于信息传达的好坏。

广告设计的图像意义体现为一系列的视觉表征：视觉形式—视觉语言—视觉效应—视觉沟通。

任务实施

步骤一　浏览各类网站的网络广告

（1）浏览各类商业网站的首屏和频道首屏广告，并截图保存。
（2）综合各类商业网站的特点，针对淘宝和京东的广告进行分析。

步骤二　分析组成元素

（1）分别从背景、图像、文字、色彩、广告语和交互形式的角度分析广告价值。
（2）收集整理广告语。从语言角度进行分析，如广告语的修辞、广告语的表现手法，并

进一步品析广告语的艺术。

步骤三 策划组成元素

（1）拟定为"华米9"手机设计网络广告需要的视觉元素。
（2）为"华米9"手机设计一则广告语，并说明创作思路。

思考练习

一、填空题

1. 需要以_____的研究成果或观念体系、方法作为参考来进行广告设计。
2. 网络广告的视觉组成元素：背景、_____、_____、_____、色彩以及交互形式。
3. 交互式广告设计的重点在于"_____"，比单纯的点击包含更多的内容。

二、选择题

1. 以下哪个不是网络广告的主题广告语的特性？（   ）
   A. 新鲜性   B. 艺术性   C. 话题性   D. 流行性

三、问答题

1. 论述何为网络广告的视觉组成元素。
2. 请拟定一条以"反对校园霸凌"为内容的公益广告词。要求主题鲜明、态度坚决、构思新颖、语言简明。（20个字以内）
3. 请拟定一条以"爱护花草"为内容的公益广告词。要求主题鲜明、感情真挚、构思新颖、语言简明。（20个字以内）
4. 请拟定一条以"注意交通安全"为内容的公益广告词。要求主题鲜明、表达直接、构思新颖、语言简明。（20个字以内）
5. 请拟定一条以"购买体彩"为内容的公益广告词。要求主题鲜明、态度真诚、构思新颖、语言简明。（在10—20个字之间）
6. 请拟定一条以"公民义务献血"为内容的公益广告词。要求主题鲜明、感情真挚、构思新颖、语言简明。（在10—20个字之间）

任务拓展

结合为"华米9"手机设计的广告语，完成已提交的网络广告设计。

任务二　网络广告色彩设计

任务描述

为"华米9"手机设计网络广告,抓取颜色要素。

任务目标

根据本项目任务的要求,确定以下目标:
(1) 理解广告设计色彩搭配原理;
(2) 能从目标对象中提炼色彩元素,并进行设计。

知识准备

知识准备一　色彩的基本概念

1. 色彩的定义和历史

色彩是光刺激眼睛再传到大脑的视觉中枢而产生的一种感觉。

17世纪,英国物理学家牛顿利用三棱镜将一束白光引进暗室折射到白色的屏幕上,出现了红、橙、黄、绿、青、蓝、紫七种颜色,称之标准色,如图3.2.1所示。

色彩概念在原始时代就存在,原始人类发现火焰而感到光的存在,有了光,他们对色彩就有了感受。据史料记载:早在15万年前的冰川时代,原始人就用矿物质粉碎石末与植物色涂抹于身上来保护和装饰自己,或以简单的色彩在岩石上做

图3.2.1　三棱镜与七色光谱

记录。考古学家曾经从北京周口店龙骨山的原始人洞穴里发现红色的二氧化铁粉末和涂有红色的石珠、贝壳和兽牙的装饰品。这些都足以证明,在远古时期我们的祖先就懂得色彩的应用,表明了原始人审美意识的萌发并一直延续下来。

2. 色彩的种类

从理论上讲色彩可以分为无色彩(白、灰、黑)与有色彩(红、橙、黄、绿等)两大类别。

无色彩系有黑、白、灰色,色度学上称之为黑白系列,在色立体上是以一条垂直轴表示的。无色彩系没有色相和纯度,只有明度变化。色彩的明度可以用黑白来表示,明度越高,越接近白色,反之亦然。

有色彩系是光谱上呈现出的红、橙、黄、绿、蓝、紫,再加上它们之间若干调和出来的色彩。只有彩色才具备色彩的三要素:色相、明度、纯度。

根据人们的心理和视觉判断,色彩有冷暖之分,可分为三个类别:

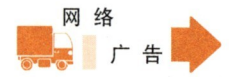

暖色系(红、橙、黄),冷色系(蓝、绿、紫),中性色系(黑白灰或介于冷暖之间的颜色),如图3.2.2所示。

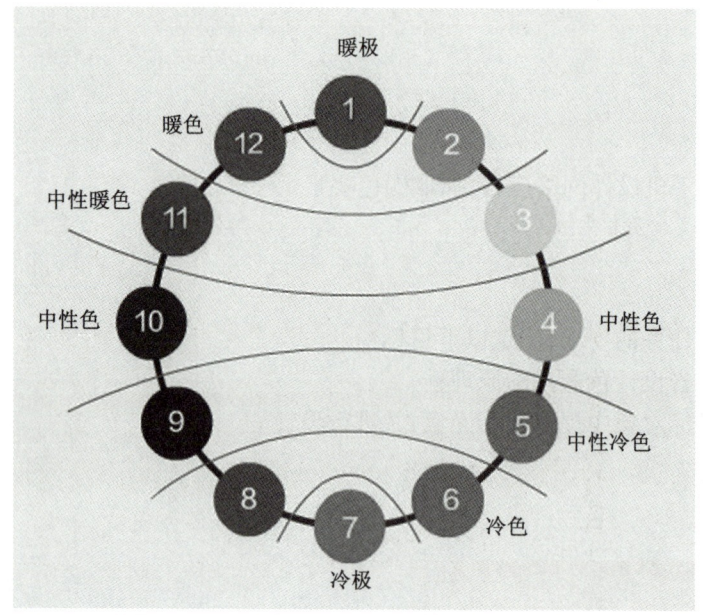

图3.2.2　色彩的冷暖色、中性色

这里需要说明一下,冷暖是相对的,而不是绝对的。

3. 色彩的三要素

色相是指色彩的相貌、特征,比如红、黄、蓝三原色。三原色混合产生的间色,间色相混合能产生色相环上的任一色。

色相,即红、橙、黄、绿、青、蓝、紫。当然我们也可以把它们分得更细一些,如图3.2.3所示的两个色相环,一个是12色相环,一个是24色相环,如果再细分下去可以说色相是无穷无尽的。在我们生活中到处可见各种颜色,每一种颜色就是一种色相,色相是颜色最主要的特征。

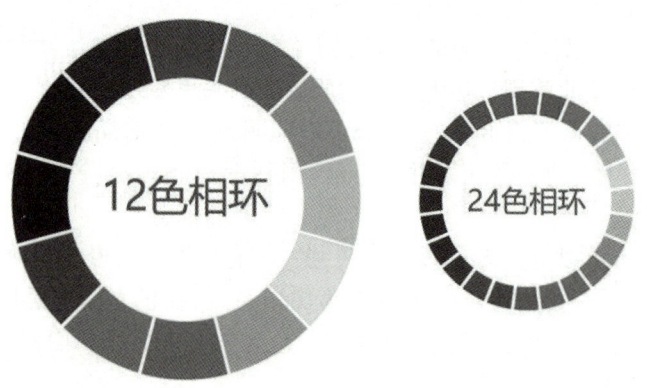

图3.2.3　色相环

明度是指颜色的明暗程度,也称深浅度。在无色彩系中靠近白色的为高明度的灰色,靠近黑色的为低明度的灰色。在有色彩系中,最高明度为黄色,最低明度为紫色。

图 3.2.4　明度的变化

图 3.2.5　纯度的变化

在图 3.2.4 中,在相同的色相中加入的灰色的比重逐渐增加,则颜色的明度也有规律地逐渐降低。明度的有规律变化,可以引导消费者的视线流动。

纯度,即色彩的纯净度,也称饱和度。色彩中不加混合的色彩纯度是最高的,通常混合的次数越多则色彩的纯度越低。三原色的纯度是最高的。色彩的纯度在画面中可以起到加大对比的效果,可以强化画面的空间感、层次感、图形的虚实变化,如图 3.2.5 所示。

知识准备二　色彩的搭配

以色相为基础的配色是以色相环为基础进行设计的,用色相环上类似的颜色进行配色,可以得到稳定而统一的感觉。用距离远的颜色进行配色,可以达到一定的对比效果。

1. 原色

色相环由 12 种基本颜色组成。首先包含的是色彩三原色,即红、黄、蓝。这三种原色颜色纯正、鲜明、强烈,而且这三种原色本身是调不出的,但是它们可以调配出多种色相的色彩。

在广告中,仅选用三原色,会给人亮丽而充满童趣的感觉,如图 3.2.6 所示。

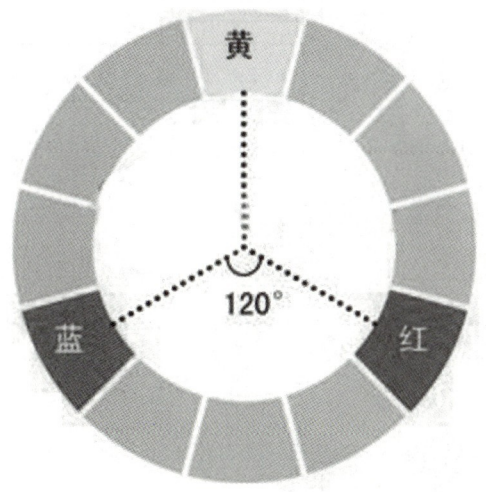
图 3.2.6　色相环中的原色

2. 间色

将两种原色按不同比例进行混合所得到的颜色为二次色,二次色又叫作间色,位于两种三原色一半的地方。每一种二次色都是由离它最近的两种原色等量混合而成的颜色,例如,黄色和红色混合形成橙色,橙色就为间色,如图 3.2.7 所示。

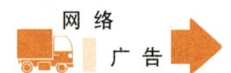

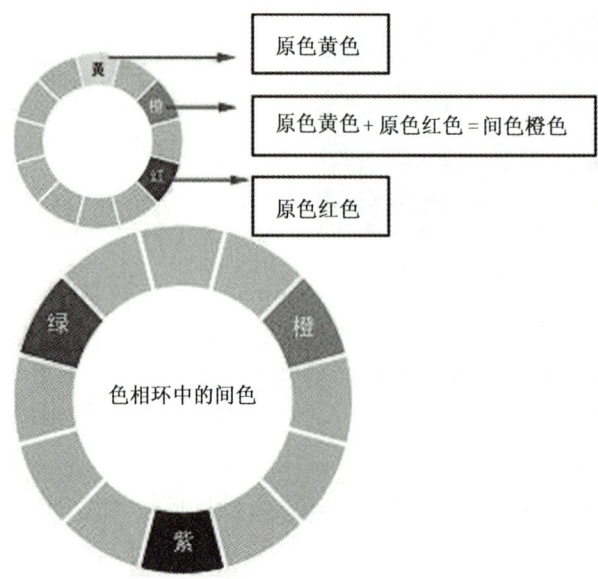

图 3.2.7　色相环中的间色

3. 复色

用任何两个间色或三个原色相混合而产生出来的颜色为三次色（复色），包括了除原色和间色以外的所有颜色。例如，原色黄色和间色橙色可以混合出复色黄橙色。复色包含了三原色的成分，成为色彩纯度较低的含灰色彩。

复色的应用，可以使画面色彩更加丰富多彩，如图 3.2.8 所示。

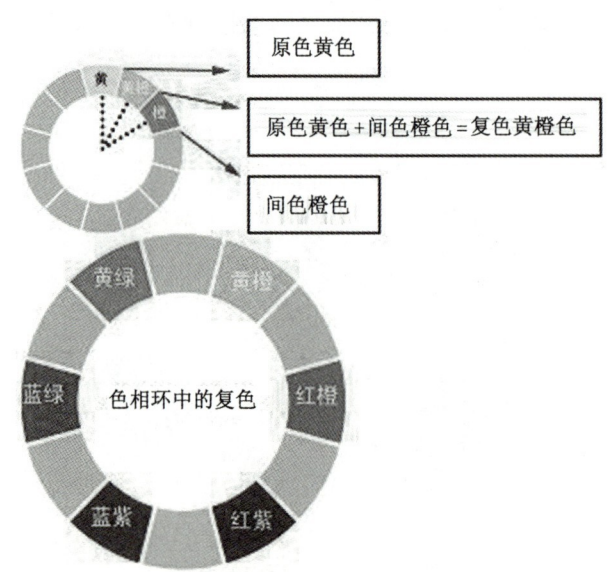

图 3.2.8　色相环中的复色

4. 色相搭配

下面将色相搭配分为六大种类，以便大家更好地理解和运用色相搭配。

（1）同类色搭配。

同类色主要是指在同一色相中不同的颜色变化。在同一色相的颜色中加入白色、灰色或者黑色，从而形成明暗深浅的变化。如图3.2.9所示，在色相环中30°之间的颜色均可认为是同类色，色彩共性很多，给人一种和谐融洽的感觉。

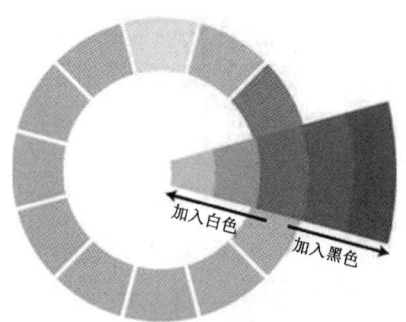

图3.2.9　同类色

采用同类色搭配，缺乏颜色的层次感，属于对比比较弱的色组。但是可以形成明暗的层次，给人一种简洁明快、单纯和谐的统一美。

（2）邻近色搭配。

邻近色之间往往是你中有我，我中有你。例如，朱红以红为主，里面略有少量黄色；橘黄以黄为主，里面有少许红色。虽然它们在色相上有很大差别，但在视觉上却比较接近，如图3.2.10所示。

因为邻近色都拥有共同的颜色，色相间色彩倾向近似，冷色组或暖色组较为明显，色调统一和谐、感情特性一致，具有低对比度的和谐美感。

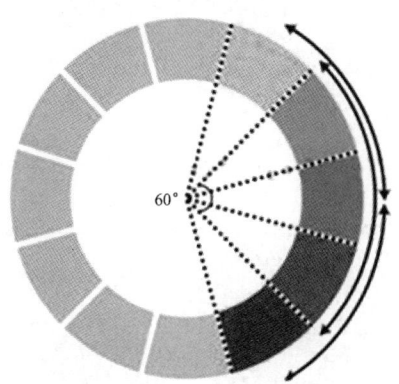

图3.2.10　邻近色

注意：在色轮中，凡在60°范围之内的颜色都属邻近色的范围。

（3）互补色搭配。

如图3.2.11所示，互补色是在色相环中相距180°的颜色，如红与绿、黄与紫、橙与蓝都是互补色。互补色的搭配能使色彩之间的对比效果达到最强烈。

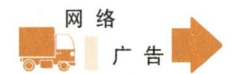

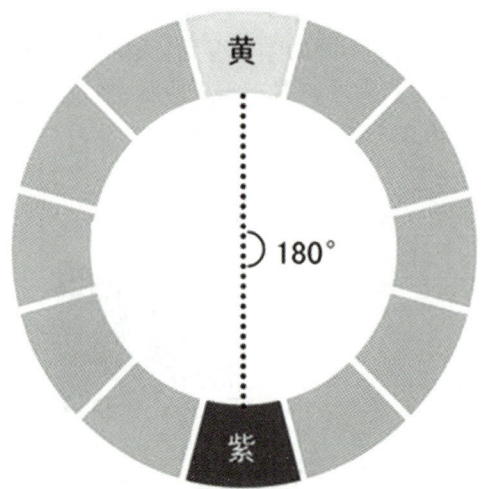

图 3.2.11　互补色

注意:采用互补色进行色彩搭配,具有鲜明、强烈、饱满的特点;但搭配不当会产生杂乱、过分的刺激感,造成作品倾向性不强而缺乏鲜明的个性。

(4) 分离补色搭配。

分离补色是一种色彩与它的补色在色相环上的左边或右边的色相进行的组合(左边和右边的色相相邻90°),如图3.2.12所示。分离补色可由两种或三种颜色(同时搭配左右两边的色相)构成。

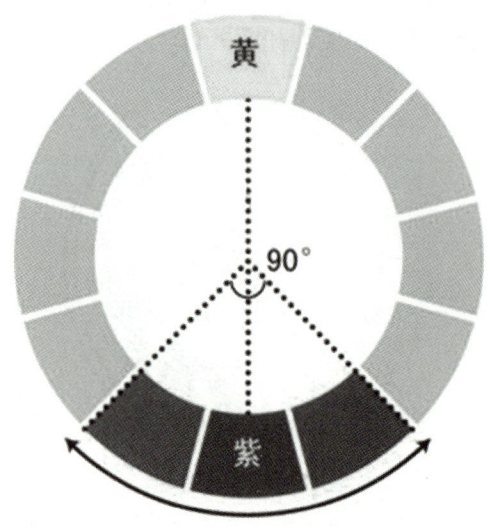

图 3.2.12　分离补色

采用红色、黄绿色和蓝绿色,形成分离补色的搭配。这种颜色搭配既具有类比色的低对比度的美感,又具有补色的力量感。

(5) 对比色搭配。

对比色亦称为大跨度色域对比,指色相距离120°至150°之间的对比关系。如图3.2.13所示,红色与黄绿色的配色,属于色相的中强对比,这种对比有着鲜明的色相感,但对比又不会很强烈。

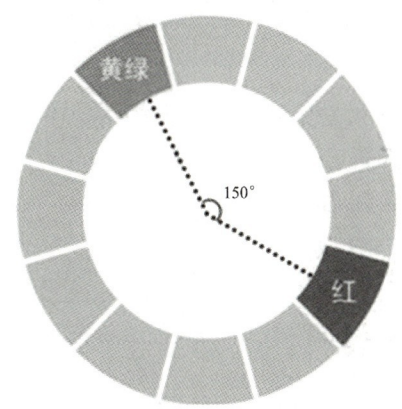

图 3.2.13　对比色

5. 全色相搭配

全色相是指色相环里的所有色相。全色相搭配给人一种随时参与进去的感觉,很适合节日气氛,给人一种充满青春活力的感觉。

任务实施

步骤一　浏览各类网站的网络广告

浏览各商业网站的首屏和频道首屏广告,并截图保存不少于5幅。

步骤二　分析色彩元素

从截取的广告图中分析该广告运用的色彩是否合适(从色彩的色相、冷暖色、色相搭配等角度进行分析)。

思考练习

一、填空题

1. 色料三原色相互混合次数愈多,明度则_____。
2. 三原色分别为_____、_____和_____,当三原色按一定量的比例相混时,呈_____色。

二、选择题

1. 色相、明度、彩度合称为色彩(　　)。
   A. 三原色　　　　B. 三要素　　　　C. 三颜色　　　　D. 三原则
2. 下列光谱色中,哪一个明度最高?(　　)
   A. 紫色　　　　　B. 绿色　　　　　C. 黄色　　　　　D. 红色
3. 色彩明暗的程度,叫作(　　)。
   A. 色相　　　　　B. 明度　　　　　C. 彩度　　　　　D. 色调
4. 下列纯色哪一种明度最高?(　　)
   A. 黄色　　　　　B. 橙色　　　　　C. 红色　　　　　D. 蓝色

5. 当三原色按一定量的比例相混时,是呈（　　）。
  A. 黑色　　　　　B. 白色　　　　　C. 灰色　　　　　D. 银色

三、问答题

1. 在网络广告设计中色彩搭配的原则有哪些?
2. 色彩搭配要注意哪些问题?
3. 色彩是怎样产生的?简述色彩的三种属性。

 任务拓展

请为以下网络广告挑选色调:

1. 儿童自行车广告。
2. 海飞丝去屑洗发广告。
3. 费列罗巧克力。
4. 灯泡。
6. 派克钢笔。
7. 华米9。

任务三　网络广告版面设计

 任务描述

华米公司新款"华米9"手机,准备发布新手机推广的网络广告,请仔细观察浏览各大网站网络广告中字体的设计与排版,为"华米9"拟定一份版面设计初稿。

任务目标

根据本项目任务的要求,确定以下目标:
（1）知晓文字设计的重要性;
（2）能根据要求构造合适的版面。

知识准备

知识准备一　网络广告文字设计原则

文字的编排设计主要包括字体的选择、字体的创造以及文字在网页中编排的艺术规律。文字的编排设计已经成为网页设计中一种艺术手段和方法,它不仅给广告受众美的感受,而且影响广告受众的情绪、态度及看法,从而达到传递信息、树立形象、表达情感的作用。

1. 形式合适

文字应与文字具体内容以及页面主体相适应。文字设计的重点在于服从表述主题的要求,要与其内容吻合一致。根据网站界面的主体内容、所传达的信息的具体含义和文字所处的环境来确定文字的字体、形态、色彩和表现形式,以确保适合性。

2. 信息明确

文字的主要功能是在视觉传达中向广告受众传达信息,而要达到这样的目的,文字的诉求必须给人以清晰的视觉形象。无论文字设计的版面、效果多么富有美感,如果失去了可识别性,那么这个设计无疑是失败的,所以在文字选择时需要格外注意。

3. 容易阅读

文字的形态及编排设计可以提高页面的易读性。通常情况下,人们对于过粗或者过细的文字常常需要花费更多的时间去识别,不利于广告受众流畅地浏览网站界面。在版式布局中,合理的文字排列与分布会使浏览变得极为愉快。为文字搭配视觉适宜的色彩也能够加强页面的易读性。

4. 表现美观

文字不仅可以通过自身形象的个性在风格上给广告受众以美的感受,而且还增加了页面的欣赏性。文字形态的变化与统一、文字编排的节奏与韵律、文字体量的对比与和谐,都是实现美观性的表现手法。

5. 设计个性

文字要与页面主题信息的需求相配合并进行相应的形态变化,对文字进行创意性发挥,以产生创造性的美感,进而达到加强页面整体设计效果的目的。

知识准备二　网络广告文字版面设计

为了使网站界面信息更具感染力,文字的排版应当注重页面上、下、左、右空间和面积的设计整体性。根据设计的目的选择恰当的字体,运用对比、协调、节奏、韵律、比例、平衡、对称等法则,构成特定的表现形式,以方便读者的浏览和传达形式美感。

1. 对比

对比可以使网站界面产生空间美感。通过对比可以突出网站界面的主题,使界面中的主要信息一目了然。

(1) 大小对比。

大小对比是文字组合的基础。大字能够给人以强有力的视觉冲击,但其缺乏精细和纤巧感;小字精巧柔和,但是不像大字那样给人以力量感。大小文字进行合理的搭配使用,可以有效地缓解其各自的缺点,并可以产生生动活泼的对比关系。

(2) 粗细对比。

粗细的对比是刚与柔的对比,粗字体象征强壮、刚劲、沉默、厚重,细字体则给人一种纤细、柔弱、活泼的感觉。在同一行文字中,运用粗细对比效果最为强烈。

(3) 明暗对比。

明暗对比又称黑白对比,同时在色彩构图中也表现为明度高的文字与明度低的文字对比。如果同一网站界面中出现明暗文字造型,则可以使主题文字更加醒目突出,达到特殊的空间效果。

(4) 疏密对比。

疏密对比即文字群体之间,以及文字与整体页面之间的对比关系。疏密对比也同样具有大小对比、明暗对比的效果,但是从疏密对比的关系中更能够清楚地看出设计者的设计意图。

(5)主从对比。

文字中主要信息与次要信息以及标题性文字与说明性文字之间的对比称之为主从对比。主从分明不仅能够突出主题,快速传达信息,而且能使人一目了然,给人以安定感。

(6)综合对比。

除了以上所介绍的几种对比手法,比较常见的还有自由随意与规整严谨、整齐与杂乱、曲线与直线、水平与垂直、尖锐与圆滑等。

2. 视觉诱导

为了达到流畅地传达信息的目的,在网站界面中对文字进行排版时,应该遵循视觉运动的法则,即先使一部分文字首先接触广告受众的视线,然后诱导受众视线依照设计师安排好的结构顺序进行浏览。

(1)线的引导。

通过左右延伸的水平线、上下延伸的垂直线以及具有动感的斜线或弧线来引导视线。以线作为引导,方向明确又肯定。

(2)图形的引导。

在网络广告中插入图形也可以起到视觉诱导的作用,通过图形由大到小、有节奏韵律的排列以形成视觉诱导的线型。同时还可以在文字群体中穿插图形,这样不仅可以起到突出主题文字信息的作用,而且还可以引导广告受众的视线自然地转向说明性文字。

任务实施

步骤一 浏览各类网站的网络广告

浏览各商业网站的首屏和频道首屏广告,并截图保存不少于 5 幅。

步骤二 分析文字元素

从截取的广告图中分析该广告运用的字体设计是否合适(从字体的设计、字体的排版角度分析)。

思考练习

一、填空题

1. 根据设计的目的选择适当的字体,运用对比、_____、节奏、_____、_____、平衡、对称等形式法则,构成特定的表现形式,以方便浏览和传达形式美感。

2. 文字中主要信息与次要信息以及标题性文字与说明性文字之间的对比称之为_____。

3. 三角形在版面构成中具有_____。

4. 无论文字设计的版面、排版多么具有美感,如果失去了_____,那么这个设计无疑是失败的。

5. _____即文字群体之间,以及文字与整体页面之间的对比关系。

二、选择题

1. 以下哪个不是网络广告文字设计的原则?(　　)
   A. 表现美感　　　　B. 人性化设计　　　C. 信息明确　　　　D. 容易阅读
2. 关于人的视觉习惯错误的是(　　)。
   A. 从左到右　　　　B. 从上到下　　　　C. 从外到内　　　　D. 从大到小

三、问答题

1. 简述网络广告文字设计的原则。
2. 网络广告设计中字体的设计需要注意哪些问题?
3. 简述版面设计与编排须注意的要点。

任务拓展

请分别从下面四组文字中选择你认为合适的字体设计并说明原因。

第一组:40朵鲜花等待着有缘人

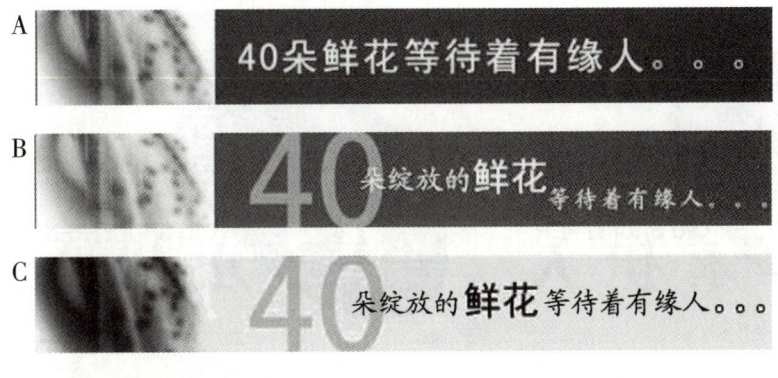

第二组:落花流水

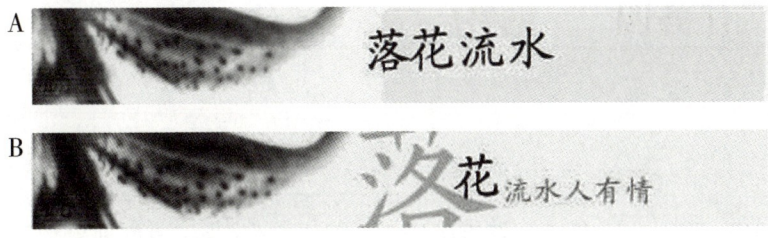

第三组：无欲

A

B

第四组：秋水伊人

A

B

任务四 网络广告交互设计

任务描述

华米公司新款"华米9"手机,准备发布新手机推广的网络广告,为了更好地发挥网络广告的优势和作用,我们将对网络广告进行交互设计。

任务目标

根据本项目任务的要求,确定以下目标：
(1) 理解网络广告交互设计的原理；
(2) 设计交互式网络广告。

知识准备

知识准备一　交互式网络广告

交互式网络广告是 Banner 的一种，相对于传统的 Banner，它既能起到传递信息的作用，又能给受众带来良好的体验。

按照输入终端的不同我们可以把交互式网络广告分为以下几类：

1. 鼠标交互式

鼠标是我们日常生活和工作中使用最频繁的终端之一，通过鼠标动作（比如点击、滚动、滑动等）可以触发广告或者与广告中的元素进行交互，一般应用于 Flash 类别的网络广告。运用这种技术的网络广告能达到更多元化的互动效果。当然这种交互式广告的开发时间和成本也相应提高，但由于网民参与到广告中来，其效果也比一般的网络宣传型广告要好。

2. 键盘交互式

通过键盘按键进行信息输入，需要网民运用的是键盘的方向键、回车键以及空格键等常用键，可以实现交互控制。

3. 摄像头 & 话筒交互式

使用摄像头、话筒实时获取用户信息并且更新到广告中，互动性、趣味性比较强。

知识准备二　网页中的交互设计的特点

1. 多媒体性

网络广告是利用计算机网络进行传播的一种广告形式，它将文字、声音、图像等融为一体，同时还灵活运用了多媒体技术、网络传播技术和数字处理技术，人机交互的体验已成为网络广告的一种趋势。这些新技术的运用使网络广告中人机交互的表现形式更加丰富，交互不再是一种单一的图片或者文字展示，而是将文字、图片、声音、视频等结合在一起的一种动态展示方法，广告受众可以清晰地感受到不断变化和闪烁的画面带来的视觉冲击，这种展示手段比传统的展示手段要有效得多。

2. 娱乐性

网络广告的特点之一就是娱乐性，现代人生活节奏越来越快，人们的生活、工作压力也越来越大，很多人选择一些娱乐活动来缓解生活和工作的压力。而网络广告本身的交互动画是一种可带给人们视听享受的表现形式，广告受众的参与度体现了广告的娱乐性程度高低。游戏式 Banner（把小游戏与广告结合）就是很好的例子，游戏的过程就是广告的过程，既有广告的作用，又有娱乐的效果。

3. 非线性

网络广告中的交互动画与传统的网络动画在表现形式上有很大的区别，其采用了非线性和非循环的表现方式，改变了以往动画中观众的被动局面。广告受众之所以点击广告，心理因素是主要动因。网络广告是一种以消费者为导向，个性化的广告形式，消费者拥有比面对以往传统媒体更大的自由。他们可根据自己的个性特点和喜好，选择是否接收，接收哪些广告信息。一旦消费者做出选择并点击广告条，其心理上首先已经认同，在随后的广告双向交流中，广告信息可以毫无阻碍地进入到消费者的心里，实现对消费者的引导。

4. 戏剧性

动画本身的表现形式就是一种艺术,其艺术性体现在整个过程的协调感和统一感。网络广告中的交互设计运用现代技术与艺术相结合的手法,完美融合动画中的各种组成元素,包括图像、声音、文字、视频等,从而创造出协调统一的美感。如果在交互设计中能制造让受众预料不到的互动或视觉动画效果,那么受众对广告的记忆和对品牌的好感度也会大大提高。

任务实施

步骤一 寻找交互式网络广告

(1) 浏览各类商业网站的广告,寻找交互式广告。
(2) 分析其交互设计方案是否适合主题。

步骤二 提交交互设计方案

请为"华米9"手机的网络广告设计一份交互式方案并提交。

思考练习

一、填空题

1. 网络广告的互动模式是指网络广告和_____之间通过网络广告进行的互动机制。
2. 网络广告的特点之一就是_____,当下很多人选择一些娱乐活动来缓解生活和工作的压力。
3. 如果在交互设计中能制造让受众预料不到的互动或视觉动画效果,那么受众对广告的_____和对品牌的_____也会大大提高。
4. 网络广告中的交互动画与传统的网络动画表现形式有很大的区别,其采用了_____和_____的表现方式,改变了以往动画中观众的被动局面。

二、选择题

1. 下列说法错误的是(　　)。
  A. 鼠标交互式广告开发成本较高　　B. 鼠标交互式广告效果最好
  C. 鼠标交互式广告比一般宣传型广告效果好　D. 网民会直接参与到鼠标交互式广告中
2. 下列哪些不是网络交互式广告的特点?(　　)
  A. 娱乐性　　　B. 戏剧性　　　C. 多媒体性　　　D. 高效性

三、问答题

1. 什么是网络交互式广告?
2. 网络交互式广告有哪些?
3. 简述网络交互式广告的特点。
4. 说一下你觉得用户体验最好的交互广告是什么,为什么?

任务拓展

查找资料,完成"华米9"手机的交互式网络广告设计。

项目四 策划网络广告

策划网络广告

一、项目简介

网络广告策划是对网络广告活动从整体出发的一种运筹和规划,是整个网络广告工作的核心环节,对网络广告的方向确定、网络广告的效率提高都具有重要作用。高效的网络广告必须依赖于策略性的事先策划,让合适的网络广告展现在合适的对象面前,从而吸引网民来点击和浏览,并且参与其中。策划网络广告除了需要具备传统广告策划的专业知识外,还须具备网络技术的相关专业知识。真正体现网络广告水平的环节也就在网络广告的策划。

二、项目目标

本项目通过"网络广告策划概述""网络广告市场调查""网络广告策划内容"和"网络广告策划流程"四个任务,根据网络广告目标,针对网络广告对象,选择最优网络广告战略战术进行高效的网络广告策划。网络广告是一个系统活动,需要对整个网络广告活动加以协调和安排,而网络广告能否达到预期目标则取决于网络广告的策划。

三、工作任务

根据以上四个任务的要求,基于实践工作过程,以任务驱动的方式,完成以下任务目标:

(1)了解广告策划的概念和种类,理解网络广告策划的原则及其特点。

(2)了解网络广告市场调查的步骤与方法,掌握网络广告市场调查内容。

(3)了解网络广告的目标、受众、媒体策划和定位策划,理解网络广告表现的策略策划,掌握网络广告的时间策略。

(4)了解网络广告策划的主要流程。

任务一　网络广告策划概述

任务描述

华米公司推出新款"华米9"手机,为了更好地进行市场推广,现准备对该手机设计网络广告。由于该型号手机是华米公司本年度的旗舰机型,所以网络广告公司相当重视,要求相关部门提交一套详尽的网络广告策划方案。

请认真学习网络广告策划相关知识,为制订网络广告策划方案做好准备。

任务目标

根据本项目任务的要求,确定以下目标:
(1) 了解广告策划的概念和种类;
(2) 理解网络广告策划的原则;
(3) 理解网络广告策划的特点。

知识准备

知识准备一　广告策划的概念和类型

策划是通过周密的市场调查和系统分析,利用已经掌握的知识、情报、资料和手段,科学、合理地布局营销、广告战略与活动进程,并预先推知、判断市场态势和消费群体定势的需求,以及未知状况的结果。策划的概念有五个要素:策划者、策划依据、策划方法、策划对象以及策划效果的判定和评估。

广告策划是现代商品经济的产物,是广告活动科学化、规范化的标志之一。"广告策划"一词是由英国广告人斯坦利·波利特在20世纪50年代首次提出的。美国最早实行广告策划制度,随后许多经济发达的国家都建立了以策划为主体、以创意为中心的广告计划管理体制。1986年,我国广告界首次提出广告策划的概念。这是自1979年恢复广告业之后对广告理论的一次观念上的冲击,它迫使人们重新认识广告工作的性质及其作用。广告工作开始走上向客户提供全面服务的新阶段。

所谓广告策划,是根据广告主的营销计划和广告目标,在市场调查的基础上,制订出一个与市场情况、产品状态、消费群体相适应的经济有效的广告计划方案,并加以评估、实施和检验,从而为广告主的整体经营提供良好服务的活动。

广告策划不是具体的广告业务,而是广告决策的形成过程。

现代广告策划就是对广告的整体战略和策略的运筹规划。广告策划可分为两种:一种是单独性的,即为一个或几个单一性的广告活动进行策划,也称单项广告活动策划;另一种是系统性的,即为企业在某一时期的总体广告活动策划,也称总体广告策划。

知识准备二 经典案例分析

唯品会"大有可唯","玩美CP"计划

1. 策划背景

(1) 活动名称:"玩美CP"。

(2) 市场背景。在电商行业迅猛发展的当下,商家间的竞争也达到了白热化的阶段,流量争夺越来越激烈,如何增加店铺流量、如何增加销量、如何增加品牌新客量是品牌商面对的几大挑战。

(3) 活动平台。国内知名电商平台唯品会在近年来的发展中,随着内部数据信息的积累和外部广告生态系统的成熟,内外结合打造了"大有可唯"这一智能营销平台,通过不断升级的服务和产品,多方面赋能品牌商。

图4.1.1 唯品会"大有可唯"智能营销平台

2. 策划思路

(1) 活动目标。唯品会"大有可唯"智能营销平台,直击品牌营销三大痛点,已经成功打造了多个引爆品牌销量的案例。此次"大有可唯"推出的"玩美CP"计划,旨在为品牌商提供一个有趣多元的创新营销解决方案。

(2) 优势。利用唯品会数据营销管理平台的能力,通过数据洞察为品牌找到适合的跨界对象,发挥平台优势,将多方的优势营销资源组合,品效合一为品牌销售找到新的增长点,达到1+1>N的营销效果,为双方品牌带来声量、流量、销量的三量提升。

(3) 策划思路。通过在唯品会上组成"玩美CP",品牌方不仅可以借助平台找到最具营销价值的品牌方,满足品牌方三量提升的需求,共同拓宽营销渠道,实现事半功倍的营销效

益,还可以享受到唯品会提供的定制化用户分析服务,通过了解自身品牌与匹配品牌,实现更精准的营销投放。这种联合品牌矩阵的营销方式正与当下电子商务的发展趋势相契合,无论对于唯品会平台还是品牌方,都将是新的利好机遇。

3. 活动描述

2018年9月25日,唯品会"大有可唯"推出"玩美CP"计划,首次落地美妆品牌珀莱雅和跨界服饰集团太平鸟,以"一芯一衣,玩美CP"为主题,为消费者带来新鲜惊喜。

"一芯一衣,玩转潮流"——珀莱雅携手太平鸟旗下三大品牌,打造第一对"玩美CP"。

此次唯品会"玩美CP"的第一对品牌CP,是来自美妆品类的著名彩妆品牌珀莱雅与来自服装品类的知名服饰品牌太平鸟。2018年9月25日至9月29日上午10点,唯品会推出珀莱雅×太平鸟联合专场,带来以"一芯一衣,玩转潮流"为主题的活动。如图4.1.2所示是展示海报。

图4.1.2 "一芯一衣,玩转潮流"主题海报

标品与非标品的结合,如何在产品上进行定制化的创新和捆绑从来是困扰着业界的难点。作为美妆和服饰业界知名的两大品牌,珀莱雅与太平鸟在此次联合上有着令人惊喜的表现,例如,主打的"透水润×海洋蓝"组合,太平鸟的简约白衬衣搭配牛仔裤带来少女的纯洁与朝气,正与珀莱雅水漾芯肌礼盒的气质完美契合,开启蓝系少女的水嫩之旅,速配同一调性的产品精准搭配推荐,不但让消费者对产品记忆更深刻,也通过组合直接带动消费者下单购买。

在活动中,原价389元的太平鸟牛仔裤仅需219元,原价419元的珀莱雅礼盒更是直降200元,便利之余更有巨惠福利。除了这一组合之外,还提供了"零细纹×黑红控""伪素颜×纯净白""真闺蜜×黑白配"等多种产品搭配组合,给不同用户带去多元化的选择,致力于让年轻人"发现,新的我"。如图4.1.3所示是"玩美CP"各类组合广告。

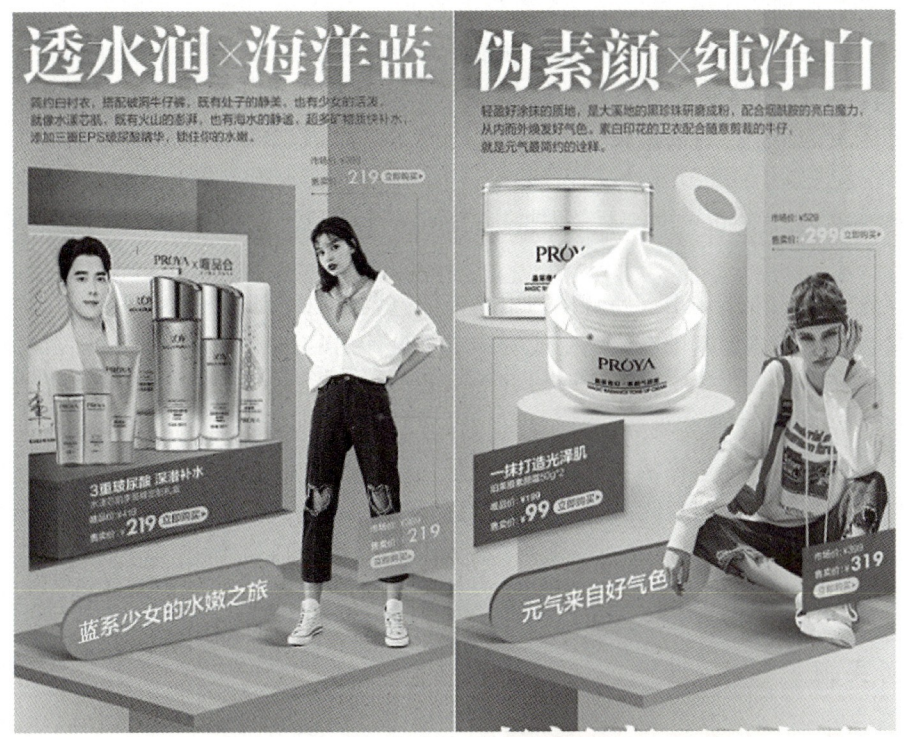

图4.1.3 "玩美CP"各类组合广告

4. 广告效果

除了打破产品联合创新的痛点外,此次的联合更是横跨了唯品会两大部类,唯品会独特的销售模式和仓储模式,都给这次联合带来了不少难题。为此,"大有可唯"利用自身"集平台所长为一身"的优势,携手品牌打破部类跨界壁垒,并争取了大量的内外部流量和宣传资源倾斜支持。这次的"一芯一衣,玩美CP"专题活动霸屏女装频道、美妆频道,加上精准投放、专场互导、直播内容、官微发布、官博联动等入口的引流,活动期间,双方品牌专场流量都获得了150%以上的增长,销量和新客量明显提升,其中material girl日均销售额提升34%以上。

"玩美CP"计划是唯品会赋能品牌商的一次新的尝试,未来"大有可唯"将继续升级玩法和产品,与品牌商多方协作、多维联动,更好地赋能品牌商,给消费者带来惊喜。

知识准备三 广告策划的特点

1. 事前性

事前性就是指广告策划在具体广告实施之前的"演练",对广告的制作、投放、实施等各个环节进行具体事前安排,在整个广告活动开始前,对即将开始的具体实施进行计划、谋略和安排。影响广告成功与否的因素有多种多样,但没有良好、高效、独特、新颖的策略方案是很难吸引顾客的。有效的广告策划来自设计者的匠心和事先种种周密布置以及对信息的充分利用。

2. 指导性

指导性是指广告策划的过程就是为以后广告的具体制作和实施提供一个蓝图,以后的操作要以此为依据。一项广告的制作,要分步骤进行,如广告创意、广告制作、广告发布、广告媒介等,这样的分工是有必要的,它有利于各种专业化的操作。但这种分工的步骤必须在最终进行整合加工,这是广告策划的任务,它的指导性就体现在对各个子环节进行取舍修正。广告策划为整个广告活动提供具体的实施模本、行为依据、评价标准,如果没有广告策划的指导,这些分开的环节就难以整合起来,各个环节就会失去方向和依据,最终会使整个广告形神不统一,自然也就无法有效地推广产品、打开市场。

3. 全局性

全局性是指广告策划不仅要直接利用广告信息调查时得到的种种有用信息,而且更重要的是要以这些信息为基础在头脑中或实验室里设计出具体的广告,它要求对广告的每个环节都要有所考虑。广告策划的主要特点之一就是制作广告的活动常常体现为组合型或系列化活动,它所做的工作要贯穿到整个广告活动的全部业务中去。此过程的全局性还体现在它常常与企业的实体运作相关联,如企业的产品特点、产品性质、企业文化等。在进行广告策划时,它所要达到的目标一定要与这些因素联系在一起,甚至本企业的社会关系也要考虑进去。因此,广告策划在某种意义上来说是对与企业及企业产品相关联的所有信息进行排列组合,以达到全面规划的目的。"整体广告策划"是广告专业化发展的趋势和必然。

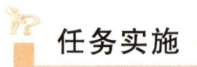

步骤一 确定网络广告策划的原则

浏览各类广告策划书范例,进行小组讨论,分析以下网络广告策划的原则以及对本次网络广告策划具有的指导意义。

广告策划是超前性思维和创造性思维发挥作用的成果之一,有其自身的规律性,并有一定的原则性。网络广告一般应坚持以下几项原则:

1. 指导性原则

网络广告策划是对网络广告整体活动的指导性方案,策划的结果就成为网络广告活动的蓝图。想要达到网络广告的目标,就要尽量减少广告活动的无序和不确定性。因此,本次的"华米9"手机网络广告策划要具备指导性原则,体现在对广告活动中涉及的每个人的工作以及各个环节的关系处理上。

2. 整体性原则

网络广告策划应把企业的网络广告活动视为一个整体,策划工作就是对整体目标进行综合分析、预测、评估、优化,并把网络广告活动中复杂的层次组合成一个科学有序的整体。因此,要重点检验网络广告目标与营销目标、与企业发展目标是否吻合一致,广告活动与企业其他活动是否同步、协调,注意协调系统内外多方面的关系,力争形成有效组合,减少内外摩擦,从而获得最佳的网络广告效果。

3. 差异性原则

创造性思维是网络广告策划生命力的源泉,它贯穿于广告策划过程的始终。在网络广告策划中,不仅要使网络广告产品的利益点在同类产品中有差异,而且要使网络广告设计的创意也具有差异性,才能引人注目。这两者的差异构成对消费者购物行为的引导,改变广告宣传中的弱性与被动性质。因此,网络广告的策划要以差异性为核心,处处掌握网络广告活动的主动权。

4. 灵活性原则

任何事物都处于动态、变化的环境之中。以企业广告为例,由于消费者对产品的态度不断发生变化,企业的生产以及商品在市场上的定位也在不断发生变化。在这种情况下,广告策划的重心要随着市场和消费者的变化而变化,一旦客观情况发生变化,广告宣传的策略也要随之变化。因此,网络广告策划必须坚持灵活性原则。网络广告策划时应注意:一是实施方案要保持适当的弹性;二是要预先制订若干预备方案,有备方能无患。

5. 效益性原则

企业进行广告策划时,除了考虑策划的目标外,还须考虑企业的资源状况。任何一个广告活动都应讲究投入和产出,在取得尽可能大的广告效果的前提下尽量少花钱。网络广告策划既要追求广告对产品销售的效果,又要讲求树立产品和企业形象的效果;既要讲究近期可见的效果,也要追求远期潜在的效益。讲效益是广告策划的基本特征,我们要把宏观效益与微观效益统一起来,把经济效益与社会效益统一起来,使广告策划能为企业、消费者和社会都带来实际的利益。

6. 合作性原则

随着现代广告事业的发展,广告策划已由凭经验向科学化、决策化方向发展,由个人策划为主转向集体策划为主。由于现代企业生产过程的复杂化、社会化,广告传播媒体的多样化、技术手段的现代化,以及广告策划中需要众多学科知识的相互渗透与交叉,都使广告策划绝非个人所能完成,而成为需要各类专家和人才共同参与的集体策划活动。在提供整体广告策划方案的问题上,网络广告策划作为全局性指导工作,需要的是多部门、多专业,在多项业务、多项工作上的共同合作。

7. 量化原则

网络广告策划对于广告效果的追求,决定了它必须具有可行性,必须有明确的目标和切实的承诺。广告策划的各项内容,不仅要有质的规定性,还要有量的规定性。比如对广告活动的规模、预算资金、广告推出时间、广告对象估量、广告频率、广告时机、广告效果中的市场占有率、预期销售额等,都需要有明确的、严格的数量上的规定,这是网络广告策划方案的科学性的印证和标志。

8. 可行性原则

广告宣传对于企业而言确实是一笔不小的投入,所以在广告策划过程中,要注意策划目标及整体方案的现实性和可能性。在广告策划过程中,要适时进行可行性论证,这不是一般的评估,而要进行定量和定性分析。分析内容一般有以下要求:广告目标的可行性研究;实现目标所需内外部条件的科学性分析;对各局部实施方案的搭配的可行性研究;对广告效果进行分析研究。总之,在广告策划过程中,坚持可行性研究是对企业负责、对广告活动负责的体现。

9. 保密性原则

广告策划方案当然要让与营销活动有关的各部门理解,并在企业全体人员中加强沟通和了解,但对外则要坚持保密原则。商场如战场,尤其是要防止广告策划方案泄露至竞争对

手手中。因此,广告策划过程中一定要做好保密工作,尽量在制度和人员管理这两方面都有所约束和限制,这一点非常必要。

步骤二 网络广告策划要点

不难看出,网络广告作为广告的一种新形式,与传统广告一样,同样具有事前性、指导性和全局性的特点。但网络广告策划也有其独特的一面。

网络广告的媒体主要是网络,而传统广告采用媒体组合是常用的方式,很难仅仅依靠单一媒体进行。正因为网络广告可利用的媒体只有网络一种,因此它更具有挑战性。另外,网络广告策划只是企业整体广告策划的一个组成部分,它是全局中的局部性行为,因此网络广告策划要服务于企业整体广告策划的布置和安排。在进行网络广告策划时除了要考虑到广告策划的共同特点外,还要考虑如何将网络广告纳入企业的整体发展战略和企业的营销战略中去。

网络广告策略的制订有以下四个基本要求:

(1) 符合网络营销策略的总体要求。网络广告策略是为网络营销策略的实施服务的,因此,网络广告策略应与网络营销策略密切配合。

(2) 处理好广告表现与内容的相互关系。广告表现对于广告作品十分重要,广告表现的成败关系到广告的说服效果,因此,制订广告策略要处理好形式与内容的关系,防止虚夸,避免决策失误。

(3) 要灵活运用广告策略。灵活运用广告策略,也就是广告要因时、因地、因人、因产品而异。根据不同的环境,综合运用多种广告策略。

(4) 要准确地反映广告的主题思想。广告策略一旦偏离了广告主题,广告受众就抓不住中心,不知道广告的诉求是什么,就不能形成统一、准确的概念,当然广告也就达不到预期的效果。

思考练习

一、填空题

1. 网络广告策划与传统广告策划的相同之处在于_____、_____和_____。
2. 网络广告策划可能只是企业整体广告策划的一个组成部分,它是全局中的_____行为,即网络广告策划要服务于_____的布置和安排。
3. 坚持网络广告策划的灵活性原则的关键:一是_____;二是_____。

二、选择题

1. (　　)最早实行广告策划制度,随后许多经济发达的国家都建立了以策划为主体、以创意为中心的广告计划管理体制。
   A. 英国　　　　　B. 美国　　　　　C. 日本　　　　　D. 法国

2. 以下说法中(　　)是错误的。
   A. 广告策划是具体的广告业务,也是广告决策的形成过程
   B. 网络广告,可利用的媒体只有网络一种,因此它更具有挑战性
   C. 网络作为信息载体,保密问题一直是它难以克服的难题之一

D. 缺乏数量规定性的广告策划方案不可能是科学的方案,而且无从执行

3. 下列选项中( )不属于广告策划的特点。

A. 事前性　　　　B. 指导性　　　　C. 局部性　　　　D. 全局性

三、问答题

1. 网络广告策划和网络营销策划的异同点是什么？
2. 网络广告策划和传统广告策划的区别和联系在哪里？
3. 简述网络广告策划的原则。
4. 网络广告策划为何要遵循合作性原则？

任务拓展

健乐科技有限公司新研发了一款颈椎按摩仪,市场需求量极大。但目前同类产品竞争很激烈,考虑到此款产品的目标受众多数是网民,请分组进行网络广告策划,制订策划原则、汇总策划要点。

任务二　网络广告市场调查

任务描述

华米公司为新款"华米9"手机制作网络广告,为了更有效地、更有针对性地进行策划,在策划之前需要进行网络广告市场调查。请针对本产品,设计一套网络广告市场调查方案。

任务目标

根据本项目任务的要求,确定以下目标：

（1）了解网络广告市场调查步骤；

（2）了解网络广告市场调查方法；

（3）理解网络广告市场调查内容。

知识准备

知识准备一　网络广告市场调查的步骤与方法

1. 明确问题与确定调研目标

明确问题和确定调研目标对开展网上搜索尤为重要。因为互联网是一个永无休止的信息流,要精确地寻找所需要的重要数据,首先要有一个清晰的目标,用心去找。

（1）调查目标。

① 谁有可能使用你的产品或服务？

② 谁是最有可能购买你提供的产品或服务的客户？

③ 在你这个行业中哪家企业已经开展网上业务？具体做什么？

④ 你的客户对你竞争者的印象如何？

⑤ 在公司日常运作中，可能要受到哪些法律、法规的约束，如何规避？

（2）常见的网络营销调研问题分类。

① 网站投资价值评估；

② 网站浏览习惯研究；

③ 网站市场定位调查；

④ 网站品牌监测调查；

⑤ 网站广告与促销评估。

2. 制定调查计划

网上市场调研的第二步就是制订出最为有效的信息搜索计划。具体来说，要确定资料来源、调查方法、调查手段和统计方案。

（1）确定资料来源。

确定收集的是一手资料（原始资料）还是二手资料。

（2）确定调查方法。

网络广告市场调查可以使用专题讨论法、问卷调查法和实验法。

① 专题讨论法。借助邮件列表、新闻组和网上论坛（电子公告牌、BBS）的形式进行。

② 问卷调查法。可以使用 E-mail（主动）分送调研问卷、在网站上发布调研问卷（被动）等形式。

③ 实验法。选择多个可比的主体组，分别赋予不同的实验方案，控制外部变量，并检查所观察到的差异是否具有统计上的显著性。这种方法与传统的市场调查所采用的原理一致，但手段和内容有所差别。

（3）确定调查手段。

网络广告市场调查手段可以使用在线问卷、交互式电脑辅助电话访谈系统和网络调查软件系统。

① 在线问卷。其特点是制作简单、分发迅速、回收方便，但要注意设计水平。

② 交互式电脑辅助电话访谈系统。它是指利用一种软件程序在电脑辅助电话访谈系统上设计问卷并在网上传输，对收集的被访谈者的答案可直接进行存储。

③ 网络调查软件系统。一种专门为网络调研设计的问卷链接及传输软件。它包括整体问卷设计、网络服务器、数据库和数据传输程序。

（4）确定统计方案。

是指要确定数据分析的数学方法，现在有许多统计分析软件，可以将其整合优化，应用到网络营销调研中。

3. 收集信息

（1）浏览网络商务信息网站。

专业商务网站所提供的信息容量大、内容全面、数据准确，通过浏览相关网站可以收集商务信息，它是目前为止最简单、最直接的信息检索方式。图 4.2.1～图 4.2.3 是商务网站案例。

项目四 策划网络广告

图4.2.1 综合性商务信息网站

图4.2.2 地区性商务信息网站

图4.2.3 行业性商务信息网站

(2) 利用搜索引擎查找营销信息。

目前在互联网上有许多可选择的搜索引擎,不同的搜索引擎有不同的特点和相对优势,因此选择搜索引擎时,需根据企业信息收集目的和内容的不同而定。以下列出目前常用的部分搜索引擎。

① 综合性搜索引擎：

百度(http://www.baidu.com)；

Google 简体中文(http://www.google.cn)；

中国雅虎全能搜索(http://www.yahoo.cn)；

中搜(http://www.zhongsou.com)；

搜狗(http://www.sogou.com)；

搜搜(http://www.soso.com)；

神马搜索(https://m.sm.cn/)。

② 商务类专业搜索引擎,如图4.2.4、图4.2.5所示。

图4.2.4　常用商业类搜索引擎

图4.2.5　常用行业类搜索引擎

(3) 通过专业调查网站收集商务信息。

通过专业调查网站可以获得各个行业、各种产品已完成的市场调查报告,了解专业调查机构的市场研究方法和服务目录,如图4.2.6所示。

图4.2.6　常用专业调查网站

(4) 利用网络数据库检索商务信息。

网络数据库具有信息量大、更新快、内容丰富、品种齐全、检索功能完善等特点,是最重要的信息源,也是获取信息的有效方式。如万方数据库资源、中国建设工程招标网、中国知识资源总库等,如图4.2.7所示。

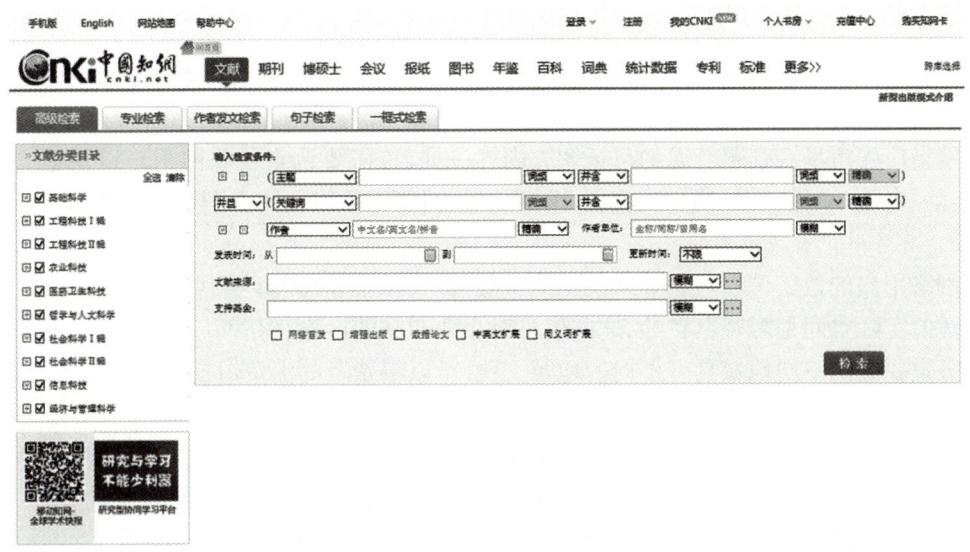

图4.2.7 中国知网检索页面

（5）利用电子公告栏（BBS）收集资料。

电子公告栏是一种发布并交换信息的在线服务系统，它提供一块公共电子白板，每个用户都可以在上面书写、发布信息或提出自己的看法。目前许多信息服务商都提供免费的公告栏，只需要申请注册就可以使用。利用BBS收集资料主要是从与主题相关的BBS网站了解情况。

（6）利用新闻组收集资料。

新闻组可以为我们提供或相互交换免费信息。使用者对新闻组中的内容非常敏感，通常不愿透露过多的个人信息，因此，利用新闻组收集信息要遵守新闻组中的网络礼仪，要了解它的使用规则，避免出现可能引起别人反感的行为，收集资料时可以选择相关的信息。

（7）利用电子邮件收集资料。

电子邮件（E-mail）是互联网上使用最广泛的通信方式，费用低廉、使用方便快捷，是最受用户欢迎的网络应用方式。企业可以快速通过邮件列表直接向用户群发电子邮件，征询用户对产品、服务、促销、企业形象等方面的看法，以及用户向企业反馈的信息；也可以利用电子邮件附加问卷表，让用户回答完毕后发回企业。

4. 分析信息

营销人员通过互联网获取了大量的信息后，必须对收集的信息进行分析和整理。面对繁杂的信息和数据，可以借助计算机，通过分析软件来快速进行分析。

5. 撰写报告

撰写报告是整个调研活动的收尾阶段。营销人员在分析完信息后，需要撰写一份图文并茂的网络广告市场调查分析报告，直观地反映出市场的动态，以便决策者针对具体情况及时地调整营销策略。调研人员要把与市场营销关键决策相关的主要调查结果报告出来，并以调查报告的规范格式进行写作。调查报告的书写格式由题目、目录、概要、正文、结论和建议、附录等几部分组成，其全部结果应尽可能地反馈给填表者或广大读者。

知识准备二　网络广告市场调查内容

网络广告调查应完成的任务决定了网络广告调查的内容。主要有如下调查内容：

1. 网民基本情况调查

网络广告市场调查跟普通的市场调查内容一样，也需要调查互联网用户以及他们的性别、年龄、专业、学历、爱好、职业、收入、婚姻状况、消费习惯以及网上浏览的习惯等。

2. 网络用户的地域调查

网络用户的地域调查对企业来说尤为重要，因为虽然 Internet 实现跨越地域，但毕竟人们生活的实际空间是客观存在的，这些信息对企业产品的运输、保管以及整个产品的成本都是十分重要的。不同地域具有不同的地域文化，所以消费者的消费习惯也会有所不同。

3. 网络用户的收入调查

对于网络用户的收入调查是出于对企业市场营销的需要。企业产品要满足哪一个层次用户的需求，就必须进行相关调查研究，然后根据网络市场的需要和企业自身的设计、生产能力，充分发挥优势，进行新产品的研发。或者根据企业产品的特性，确定网络广告受众。

4. 网上竞争对手调查

不论是传统市场调查还是网络市场调查，都不能缺少对竞争对手的调查。只有遵守法律和规则，在了解竞争对手的基础上，突出自己的优势和长处，做到知己知彼，这样才能立于不败之地。在网络营销中，首先要找到和自己的业务相同或相近的网上经营者，即寻找竞争对手，然后加以研究，取长补短，方能克敌制胜。下面就来讨论如何在网上研究竞争对手。

（1）寻找网上竞争对手。

经验表明，在网上寻找竞争对手的最好办法是利用搜索引擎，在查找竞争对手之前，首先要确定查询所用的关键词，在各大搜索引擎上分别进行检索，会得到大量的结果，但鉴于时间和精力所限，我们不可能将所有的站点都查看，所以，最好的办法是审查每一个检索结果，查看它对站点内容的描述。

（2）研究网上竞争对手。

研究网上竞争对手的情况，应先从他的主页入手。一般来说，竞争对手都会将自己的产品、业务服务和联系方法等信息展示在主页中。从竞争的角度来看，我们要从以下几个方面来进行考察：

① 将自己当作消费者，浏览竞争对手的全部信息。仔细琢磨、品味他们的主页图形创意是否能一下子吸引你，令你耳目一新，产生一个比较深刻的印象。你设计的产品主页有没有特色、能不能给浏览者以好感，在一定程度上会影响他们对你产品的兴趣。

② 对其图形设计、栏目设置和文字表达进行研究。看它是如何充分利用屏幕的有限空间较好地展示公司的形象和业务信息。你是否能感觉到他们在某些方面是刻意追求或是突出的，也许这就是他们的特点和独到之处。

③ 考察其开展业务的地理区域。一般我们可以从站点提供服务的方法和手段等方面考察其能力范围，从其客户清单中判断其实力和业务的好坏，以及他们在该业务领域的影响力等。

④ 刻意留意站点主页的文字表达。是否有语法和单词等方面的低级错误；图形设计是否过于复杂，是否美化过度；文字是否过多地强调使用黑体、斜体、下划线、字符底纹等；文章

段落是否清晰,易于阅读。

⑤ 超链接是否方便浏览,有没有死链接,是否有未显示的图形。

⑥ 注意其图形下载的时间长短,记录其传输速度。速度是影响浏览者耐心的关键因素。面对互联网上的众多站点,节省浏览者的时间是在给自己创造抓住来访者的机会。

⑦ 查看在其站点上是否有其他网站的网络广告;在这些广告链接的主页上有没有竞争对手的网络广告;他们链接的这些站点是否也是你需要的;他们在网络广告中使用的广告词和图形设计是否吸引人;他们突出的重点或促使人们点击的秘诀是什么。

⑧ 全面考察竞争对手在网络搜索引擎、新闻组中的宣传力度;研究其选择的类别、使用的介绍文字,特别是图形广告的投入量等;考察竞争对手开展网络广告和营销前要做的工作,定期监测对手的动态也是一个长期性的任务。

(3) 评估报告。

通过对竞争对手的研究,我们可以将从网上搜索得来的信息加工、整理、归纳和分类。这样,就会对网上的竞争对手的情况有一个比较清楚的了解,通过调查可以知道他们都在做什么,是怎样做的,每个站点都有哪些特点、哪些产品,以及他们的服务和价格等情况。将这些信息整理成评估报告,保存下来,并可根据将来定时的监测情况更新数据,整理出长期的、动态的竞争者数据库,画出动态曲线图,以便随时进行定性和定量分析,以掌握竞争对手的发展趋势,确定自己的目标和对策。

任务实施

根据本次网络广告市场调查的主要目的,在信息资料已经收集完成的情况下,设计"华米9手机调查问卷",实施在线调研。

步骤一 学习在线调查问卷技术

采用调查问卷调研时,问卷设计的质量直接影响着调研效果。因此,要根据调研的目的和对象,做好网络调研问卷的设计。

1. 问卷及其结构

在线调查问卷的一般结构由序言、问题、结束语等部分组成。

(1) 序言。

序言主要是用来向被调查者说明调查的主题、调查的主办单位、调查的重要性,同时恳请被调查者积极配合和支持。序言一般包括调查问卷的标题,调查的目的、意义以及填表要求等。每个调查问卷都有一个调查主题,问卷的标题要准确地反映调查的主题,让人一目了然。通过调查说明及填表要求,使被调查者了解调查的目的和意义,消除顾虑,并按要求填写问卷。

(2) 问题和答案。

这是调查问卷的主要内容,也是调查所需收集信息资料的主要来源。通过问题的设计和被调查者的答复,可以了解被调查者对某特定事情的态度、意见和行为倾向等。

(3) 结束语。

结束语一般放在调查问卷的末尾。一方面对被调查者的积极合作表示诚挚的感谢;另

一方面还应向被调查者征询对调查问卷设计的内容、对问卷调查的意见和想法。

结束语要求简短明了,有的问卷也可以不要结束语,但需要有对被调查者表示感谢的语句。

2. 调查问题的类型

（1）事实性问题。

事实性问题主要是要求被调查者回答一些有关事实的问题。例如,您是否使用过华米手机？

事实性问题的主要目的在于求取事实资料,因此问题中的文字定义必须清楚,让被调查者了解后能正确回答。市场调查中许多问题均属"事实性问题",例如,被调查者个人的基本资料：职业、收入、家庭状况、居住环境、教育程度等。

（2）行为性问题。

这类问题主要是为了获得有关被调查者行为方面的信息资料。例如,你是否喜欢微信聊天？

（3）动机性问题。

这类问题的主要目的是了解被调查者行为的原因或动机,被调查者回答此类问题有一定难度。例如,您选择该手机的原因是什么？

（4）意见性问题。

意见性问题事实上就是态度调查问题。在问卷中,往往会询问被调查者一些有关意见或态度的问题。例如,在上网时您最不反感哪种广告形式？

上述四类问题中,事实性问题是任何调查问卷都不可或缺的,其他三类问题,则依调查的目的和内容而定。

3. 问题提问和回答的形式

在问卷调查中,问题的提问和回答有如下几种形式。

（1）二项选择式。

二项选择式提出的问题仅有两种答案可以选择,如"是"或"否","有"或"无"等。这两种答案是对立的、排斥的。例如,

您使用过这种产品吗？　　□ 是　　□ 否

这种提问形式的优点是：容易理解和可以迅速得到明确的答案,便于统计、分析和处理。

（2）多项选择式。

多项选择式是根据问题,列出多种可能答案,由被调查者从中选择一项或多项答案。例如,您现在使用的手机品牌是哪一个？

□ 苹果　　□ 小米　　□ 华米　　□ 华为　　□ OPPO　　□ VIVO

（3）填空式。

填空式在问题后面画一条横线（或空格）,由被调查者将问题答案填写在横线上（或空格里）。例如,

您希望您现在用的手机有何需要改进的地方？＿＿＿＿＿＿＿＿＿＿＿＿＿＿＿

（4）矩阵式。

矩阵式是将同类的若干个问题及答案排列成矩阵,以一个问题的形式表达出来。这种形式可以大大节省问卷的篇幅,有利于被调查者阅读和填答。例如,

您对华米手机的评价是

	非常满意	比较满意	一般	不满意	很不满意
外观	□	□	□	□	□
性能	□	□	□	□	□
价位	□	□	□	□	□

（5）顺位式。

顺位式是列出若干项目，由被调查者按重要性决定答案的先后顺序。例如，

您选择手机的主要条件是

价格实惠□　外形时尚□　品牌有名□　新产品□
操作性能□　广告宣传□　摄像效果□　其他□

（6）开放式。

开放式也称自由回答式，是由调查者提出问题，但不提供问题的具体答案，被调查者可自由回答，没有任何限制。它一般被用于调查人们对某一事物和现象的看法。

4. 问卷设计的基本要求

采用网络问卷调查时，问卷设计的质量直接影响到调查效果。设计不合理的网络调查问卷可能导致网民拒绝参与，更谈不上调查效果了。因此，在设计调查问卷时，应该注意以下问题。

（1）明确主题。根据调查主题，从实际出发拟题，问题目的明确，重点突出，不要出现可有可无的问题。

（2）结构合理、逻辑性强。问题的排列应有一定的逻辑顺序，符合被调查者的思维程序。一般是先易后难、先简后繁、先具体后抽象。

（3）通俗易懂。问卷应使被调查者一目了然，并愿意如实回答。问卷中语气要亲切，符合被调查者的理解能力和认识能力，避免使用专业术语。对敏感性问题采取一定的调查技巧，使问卷具有合理性和可答性，避免主观性和暗示性，以免答案失真。

（4）问题应容易回答，尽量采取选择答案方式。

（5）控制问卷的长度。回答问卷的时间控制在 20 分钟左右。

（6）在网络营销调查问卷中附加多媒体背景资料。

（7）便于资料的校验、整理和统计。

（8）敏感问题应婉转地提出，对于个人隐私，如住址、家庭电话等应尽可能避免提出，不要让被调查者产生反感。

步骤二　设计调查问卷

根据华米公司此次在线调查的目的和步骤，以及所学的在线调查问卷技术知识，设计一份手机调查问卷。

手机调查问卷

华米公司拟于2019年4月推出新款"华米9"手机，作为本年度公司的旗舰机型，受到了广大"华米粉"、业界和社会的关注。为了更好地为消费者提供周到服务，提升公司产品和服务的品质，开展了本次在线调研活动。

非常感谢您抽出宝贵的时间填写我的问卷!

隐私保护:您在此问卷中填写的详细信息仅对本问卷设计者公开。

基本信息:

您的性别:A. 女　　　　　　B. 男

您的年龄:A. 15~23岁　　　B. 24~35岁　　　C. 36~50岁　　　D. 50岁以上

1. 您是否使用过华米手机?

   A. 没有　　　　　　　B. 曾经　　　　　　C. 正在使用

2. 您现在使用的手机品牌是哪一个?

   A. 苹果　　　　　　　B. 三星　　　　　　C. 华米　　　　　　D. 荣耀

   E. OPPO　　　　　　　F. VIVO

3. 您选择该手机的原因是什么?(可多选)

   A. 价格低廉　　　　　　　　　　　　　B. 质量好、功能齐全

   C. 时尚、新潮　　　　　　　　　　　　D. 大牌子、有面子

   E. 身边人都买　　　　　　　　　　　　F. 其他

4. 您购买手机时考虑的因素是什么?

   A. 质量　　　　　　　B. 价格　　　　　　C. 性价比　　　　　　D. 功能

   E. 外观

5. 您对华米手机的了解程度有多少?

   A. 听过,不太了解　　　　　　　　　　B. 体验过,有点了解

   C. 用过,很了解　　　　　　　　　　　D. 没用过,但很了解

6. 您对华米手机的第一印象是什么?

   A. 价格高　　　　　　　　　　　　　　B. 质量好、功能全

   C. 身份的象征　　　　　　　　　　　　D. 时尚新潮

   E. 没什么印象　　　　　　　　　　　　F. 其他

7. 与其他手机相比,您觉得华米手机的特点是什么?

   A. 简约时尚　　　　　B. 档次高端　　　　C. 价格太高　　　　　D. 功能强大

8. 您最初是通过什么渠道知道华米手机的?

   A. 网络、电视　　　　　　　　　　　　B. 报纸、杂志

   C. 同学朋友　　　　　　　　　　　　　D. 专卖店

   E. 其他

9. 您或您身边人购买华米手机的渠道一般是什么?

   A. 华米专卖店或体验店　　　　　　　　B. 网购

   C. 运营商预约　　　　　　　　　　　　D. 其他

10. 您是如何看到华米手机广告的?

    A. 没有看到广告　　　　　　　　　　　B. 运营商宣传

    C. 电视、广播、报纸　　　　　　　　　D. 网络广告

    E. 其他

11. 您觉得华米手机的广告能满足您对相关信息的需求吗?

    A. 完全可以　　　　　　　　　　　　　B. 内容上有待改进

C. 形式上有待改进　　　　　　　　　　D. 播放时间及频率太低

12. 您更希望通过什么途径去了解华米手机的新产品上市？
　　A. 网络媒体　　　　B. 时尚杂志　　　　C. 华米官网　　　　D. 产品海报
　　E. 电商平台　　　　F. 其他

13. 您觉得华米手机做什么样的活动更能吸引你？
　　A. 赞助综艺真人秀
　　B. 赞助全国大学生相关比赛
　　C. "限量版"饥饿营销
　　D. 开展"教您玩转华米潜功能"校园行活动

14. 您觉得华米手机最大的不足是什么？
　　A. 单调的外观　　　　　　　　　　　B. 接口另类
　　C. 窃取隐私　　　　　　　　　　　　D. 售后服务
　　E. 没有不足　　　　　　　　　　　　F. 其他

15. 如果您现在要买一部新手机，您会选择华米手机吗？
　　A. 不会　　　　　　　B. 会

16. 您觉得越来越多人使用华米手机的原因是什么？
　　A. 时尚新潮　　　　　　　　　　　　B. 好品牌，值得拥有
　　C. 好奇，想亲自体验　　　　　　　　D. 支持国产
　　E. 其他

17. 您都是在哪些媒体上看到华米的广告？（可多选）
　　A. 搜狐　　　　　　　B. 电视节目　　　　C. 新浪　　　　　　D. 淘宝
　　E. 中关村在线

18. 在上网时您最不反感哪种广告形式？（可多选）
　　A. 按钮广告　　　　　　　　　　　　B. 文字链接广告
　　C. 飘浮广告　　　　　　　　　　　　D. 弹出广告
　　E. 通栏广告　　　　　　　　　　　　F. 电子邮件广告
　　G. 文本链接广告

19. 您对广告有没有特别的要求？能不能接受动漫广告？（200字以内）
_____
_____

20. 您希望您现在用的手机有何需要改进的地方？（200字以内）
_____
_____

再次感谢您抽出宝贵的时间填写问卷！

步骤三　发布调查问卷

调查问卷设计完毕后，经过公司相关部门及领导审核通过后，选择合适的问卷调查平台进行发布，这里我们选择了免费的问卷调查平台"问卷星"。图4.2.8、图4.2.9、图4.2.10所示是"问卷星"显示页面。

图4.2.8 "问卷星"免费问卷调查平台

图4.2.9 "手机调查问卷"访问二维码

图4.2.10 "手机调查问卷"格式

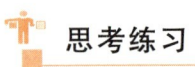

思考练习

一、填空题

1. 调查问题的类型中，_____是任何调查问卷都不可或缺的,其他三类问题，_____、_____和_____,则依调查的目的和内容而定。

2. 在线调查问卷的一般结构由_____、_____、_____等部分组成。

二、选择题

1. 在网上寻找竞争对手的最好办法是利用(　　)。
　　A. 搜索引擎　　　　　　B. 行业网站　　　C. 报纸杂志　　　D. 广播、电视
2. 关于调查问卷设计,以下说法错误的是(　　)。
　　A. 调查问卷的题目顺序一般是先易后难、先简后繁、先具体后抽象
　　B. 调查问卷设计时应注意题量,回答问卷的时间控制在10分钟之内
　　C. 设计题目和答案时,便于资料的校验、整理和统计
　　D. 在设计调查问卷时,对于个人隐私如住址、家庭电话等应尽可能避免提出,不要让被调查者产生反感
3. 问题应容易回答,尽量采取(　　)方式。
　　A. 开放式　　　　　　　B. 自由式　　　　C. 选择答案　　　D. 问答式

三、问答题

1. 什么是网络广告市场调查？它有哪些特点？
2. 网络广告市场调查一般包括哪几个步骤？
3. 简述网络营销信息的收集方法。
4. 网络广告市场调查包括哪些内容？
5. 网络广告市场调查问卷设计应注意哪些问题？

任务拓展

健乐科技有限公司新研发一款颈椎按摩仪,此款产品的目标受众多数是网民,为了更有效地开展网络广告策划工作,公司准备进行该产品的市场调查活动,请以小组形式开展网络广告市场调查活动,具体要求如下：

（1）制作健乐颈椎按摩仪的网络广告市场调查方案；
（2）针对该产品的在线调研,设计出健乐颈椎按摩仪的市场调查问卷。

任务三　网络广告策划内容

任务描述

华米公司为新款"华米9"手机制作网络广告,在进行网络广告市场调查之后,就要开展实际的策划工作。请确定本次网络广告的策划内容,制作一份简单的网络广告策划方案。

任务目标

根据本项目任务的要求,确定以下目标：
（1）了解网络广告的目标、受众与媒体策划；
（2）了解网络广告的定位策划；

(3) 了解网络广告的表现策略;
(4) 了解网络广告的时间策略。

知识准备

知识准备一 网络广告目标策划

网络广告目标,就是网络广告所要达到的目的,是指企业通过本期或本次网络广告活动要得到的结果。网络广告目标指引着网络广告的方向,随后的行动都取决于网络广告目标的确定。只有明确了网络广告的总体目标,网络广告策划人员才能决定网络广告的内容、形式和创意,甚至包括网站的选择、网络广告对象的确定等。

网络广告目标一般分为两种:直接目标和间接目标。

1. 直接目标

也称作心理目标,是网络广告本身对于网络广告对象所发生的直接作用及影响,也就是网络广告对顾客的吸引,它表现为知名度、认知度、信任度、偏爱度等。网络广告目标的作用是通过信息沟通使消费者对品牌的认识、情感态度和行为产生变化,从而实现企业的营销目标。在公司的不同发展时期,网络广告的目标会有所不同,比如说是表现形象的网络广告还是推荐产品的网络广告。在产品的不同发展阶段,网络广告的目标也有所不同,可分为提供信息、说服购买和提醒使用等。

2. 间接目标

所谓间接目标就是指经济目标,是网络广告的根本目标,是网络广告最终促成的购买行为。它与公司一级的赢利目标处于同一层次。间接目标只有通过直接目标才能实现。直接目标因为只依靠网络广告活动本身即可达成,所以应由代理网络广告业务的网络广告公司做出保证。间接目标的实现必然接受其他因素的影响,诸如供求关系等,因此,所谓合理地制订网络广告目标即网络广告策划,应该是指根据网络广告主的经济目标的要求,结合市场营销等的各种因素的影响,对网络广告活动能够达成的心理目标的规定和策划。

网络广告策划在网络广告目标的制订上与传统广告策划一样,只是网络广告策划的广告目标的实现,更需要其他媒体的配合与协作,单靠网络广告,也许无法实现目标。因为就目前情况看,网络广告还是广告形式的一种,尚未形成统领全局的优势。因此网络广告目标应纳入网络广告策划,直至营销目标策划中来。如果一定要为网络广告本身设定目标,那就要洞察网络媒体自身的局限及对其他媒体的需求,力争使目标切实可行。随着网络经济的发展,网上营销将逐步成为一种主要的营销方式,网上购物也将成为百姓居家生活的主要购物方式,网络广告必将大行其道,而网上目标策划功能也会逐渐独立出来。

知识准备二 网络广告受众策划

1. 网络受众与传统受众的区别

受众一词是对观众、听众和读者的统称。在信息网络时代,网络受众与传统受众的概念有明显区别。

（1）由单向传播中的接受者到双向、互动传播中的传送者和接受者。

在传统的传播活动中,信息传输方式是由传播者到受众的一对多、点对面的单向传播。但在网络传播时,信息的流动既可以是一对多、一对少,也可以是一对一、多对多,还可以多对一、少对一。网络的交互性带来了传播方式的多样化。在双向传播过程中,传送和接受者的界限日趋模糊。

（2）由传送者的信息"推送"到接受者的"拉出"信息。

在传统的大众传播活动中,单向的传播定势使传送和接受双方客观上形成不平等关系。受众总是被动地接受大众传媒传递的信息。在信息传递过程中,主要是以传送者为主导的信息"推入"方式。但在网络传播时,受众的自主权扩大,可随时随地地选择自己需要的信息;可以根据个性化的需要,得到网络提供的个性化的周到服务。这就将原来传送者的规定菜单式变为受众的自主点单式,变呆板的从上到下的"推送"信息为受众自由地"拉出"信息。一推一拉,是截然不同的两种受众形式。

（3）由单一接受功能到拥有多重权利。

在传统大众传播过程中,受众只有单一的接受功能,即使反馈也是零散、间接和延迟的。但网络受众不仅能主动地获取信息,还能主动地报道甚至发布信息。受众可随时同传送者在媒介上直接进行面对面的视频、音频交流,与传送者完全处于平等的地位。同时,网络、多媒体等新技术、新媒介将使受众可以直接获取新闻事件的第一手材料从而获得分析解释、评论报道权,由此打破了过去新闻工作者对新闻的垄断报道。受众的声音不仅能及时地发出来,而且越来越趋向多样化。

由此可见,传统大众传播学中的"受众"这一特定术语在网络传播时代已经赋予了新的意义。网络受众已经不仅仅是信息的"接受者",同时也是信息的"发布者",具有强烈的互动性。

市场中,很多营销人员把网络广告看作市场的一个组成部分;而另一些营销人员,诸如一些仅出现在网络上的商家或出版商,网络受众就是他们的全部市场。对于这两种类型的营销人员来说,理解网络受众的特性很重要。这类特性变化很快,并且将继续演变下去。

2. 网络广告受众分析

通过观察用户的上网习惯,研究他们的上网频率和时间,能够在用户中筛选出对于特定产品感兴趣的直接受众。如果广告主能充分利用互联网的特性,将广告直接推送给目标客户,既可节省费用又可收到较好的效果。因此对发布网络广告前的目标受众进行分析是一项十分重要的工作。

广告主只有充分了解网络用户的信息并进行全面分析和研究,才能确定企业的目标消费者群体,选择那些受众青睐的广告形式和风格,进行定点投放,才能取得良好的效果。

知识准备三　网络广告媒体策划

网络广告媒体策划包括以下两种方式：

1. 网络媒体本身各种广告方式的选择与组合

选择网站主要考虑的因素有:点击率、覆盖面、信誉度等,同时还要考虑广告目的、广告成本、发布时间、发布范围、网民特点、竞争对手、潜在市场等与企业相关的市场环境因素。如居家、生活网站的主要浏览者是中年女性,运动、游戏网站的主要浏览者则是年轻人。调查资料可以从第三方调研公司得到,现在许多网站可以提供诸如各个层次网民的消费习惯、收入状况、年龄分布等客观数据,资料中还包括网民上网的时间规律、对各种广告形式的喜好度等信息,这些都是网络广告媒体的选择与组合中必不可少的依据。

2. 网络媒体与传统媒体的组合

网络广告必须与传统媒体进行组合,才能达到最佳效果。

(1)网络媒体与电视媒体的组合。作为传统广告主流的电视广告,其影响是非常巨大的,因此网络广告与电视广告进行组合,将更能发挥出超强的广告效果。许多网站在刚问世时,都会选择电视广告来迅速打响知名度,然后随着网站知名度的不断提高,广告形式逐渐转变为以网络广告为主,电视广告配合宣传。电视的高普及率决定其巨大的传播价值。

(2)网络媒体与广播媒体的组合。广播虽然被许多广告主认为是一个不起眼的广告媒体,但实际上其广告效应还是相当不错的。据调查,广播是大学生获取信息的一种重要方式,同时这部分年轻人也是网民大军。另外,现在有车一族越来越多,司机和乘客在行车过程中也常收听广播,这个比重也是很大的。所以,网络媒体与广播的组合可以有效地强化传播效果。

(3)网络媒体与报纸媒体的组合。报纸是一个信息量比较大的媒体,阅读报纸是人们的一种生活方式。网络广告与报纸广告的组合搭配,也能有效提升广告的总体效应。

知识准备四 网络广告定位策划

网络广告定位,就是网络广告宣传主题定位,确定诉求的重点,或者说是确定商品的卖点,企业的自我推销点。

对绝大多数网络广告作品来说,宣传的根本目的是劝说目标公众购买网络广告主的产品、服务或提高其知名度。用什么理由来说服呢?理由要独特,即不同于同类产品、服务、企业的理由,越独特越异于他人,效果就越好。这种独特性,就是网络广告诉求的重点,也就是网络广告宣传的主题所在。

就其实质而言,网络广告定位也就是网络广告所宣传的产品、服务、企业形象的市场定位。就是在消费者心目中为网络广告主的产品、服务或企业形象确定一个位置,一个独特的、不同于他人的位置。市场位置确定了,网络广告宣传的主题、理由也就确定了。

任务实施

步骤一 制定网络广告策划目标

华米公司每年度都会定期推出年度旗舰机型,这次的"华米9"手机依然按照惯例选在4月底上市,因马上就是"五一"假期,请结合公司上年度销售情况的总结报告,以及本年度的销售计划,制定本期的"华米9"手机网络广告的目标。

1. 直接目标的制订

基于华米公司前几代旗舰机型和其他系列手机的市场销售情况,华米公司品牌的知名度已经打开,客户对品牌的认知度也在不断提高,对"华米"系列旗舰机型的偏爱度也在同级别手机中呈现上升趋势。本次"华米9"手机的网络广告要继续巩固这种上升势头,并且将进一步提高市场占有率,强化华米的"科技创新、时尚领先"的品牌形象。

2. 间接目标的制订

根据华米公司上年度报告显示，华米公司2018年智能手机发货量达4 650万台，其中"华米8"销量为1 200万台，华米公司全年营收达93亿人民币，市场份额达15%。请参照本年度公司销售预算，制订本次"华米9"手机网络广告的间接目标。"华米9"作为旗舰机型，该产品的销售将直接影响公司的本年度市场销售情况，所以，"华米9"手机预计本年度销售量为1 600万台，上市初期三个月的销量要达到900万台，并且年度市场份额要提升10个百分点。

步骤二　确定网络广告受众，选择网络广告媒体

"华米9"手机作为华米公司的领航产品线"华米"系列的最新机型，是华米公司年度最强旗舰，应用了最新的科技，不管是多媒体功能还是硬件配置，足以和同时期的其他品牌一较高低。另外，4 899元起的价格也奠定了本产品的高端市场定位。

前期市场调查分析显示，"华米9"手机的主要目标客户年龄主要集中在24～50岁之间，男性比例略高于女性，用户大多经济状况良好，受教育程度较高。

这些客户基本都是各个行业中的精英，工作较为繁忙，平时工作生活离不开网络，但多以工作为主要目的，对于硬件配置的要求比较高，比较了解最新的科技技术。男性多数喜欢关注一些商务类、科技类、军事类公众号，女性则偏爱一些情感类、美食类、旅行类公众号。他们平时经常使用专业App，一些财经大咖和公知大V也是他们微博关注的重点。另外，一些主流门户类网站、运动健身网站、时尚美妆网站或论坛、时政要闻网页也是他们关注的重点。他们上网时间较为分散，但是每个时间段都有且各有特点，总的来说白天多为工作，夜晚则是他们的休闲娱乐时间。

另外，作为新产品，由于科技发展日新月异，必须抓住市场机遇，力争在短时间内创造较好的宣传效果。所以，除了结合各种网络媒介在网络上进行网络广告宣传外，华米公司对于本次旗舰机型推广予以雄厚的资金支持，传统媒体广告也会进行配合。比如，在电视媒体上选择央视和几个影响力较大的地方电视台在黄金时段播出"华米9"的电视广告；在一些地方热门广播媒体的行车高峰时段的广播节目中，穿插一些音频广告；在发行量较大的一些纸媒中选取较为适合的版面进行平面广告宣传。这样以网络媒体为主，多媒介结合交叉的宣传，势必会给"华米9"手机的推出，营造很好的市场氛围。

步骤三　进行网络广告定位

网络广告定位策略发展至今已得到进一步细分，基本上被划分为以下几类：

1. 产品定位策略

广告的最终目的在于促进产品销售。产品能否对消费者产生吸引力，主要在于产品的个性与特色所产生的魅力。而产品的个性与特色不仅存在于产品实体中，也存在于产品的附加值中。网络广告对产品的宣传策略，其关键是突出产品的差异化，这是网络广告策划的灵魂。

广告产品策略首先要运用市场细分的方法，把产品定位在最恰当的位置上，突出产品的差异化，使消费者在接受产品的过程中得到某种需要的满足。产品定位策略有以下几种类型：

（1）市场定位。市场定位就是把市场细分的策略运用于网络广告活动，确定广告宣传

的目标。网络广告在进行时,存在较多不便,因为 Internet 是连接整个世界的网络,要准确细分市场存在一定难度。

（2）功能定位。是指在广告中突出广告产品的特殊功效,使产品与同类产品有明显的区别,以增强竞争力。广告功能定位是以同类产品的定位为基准,选择有别于同类产品的优异性能为宣传重点。

（3）质量定位。质量不仅取决于人的主观感受,还有客观质量。广告中如果要突出表现产品质量优势,不宜笼统地宣传质量高、品质好,需对产品质量因素加以分析,选择有代表性和典型性的质量因素加以表现。

（4）价格定位。价格定位的目的在于突出产品价格特点,给消费者良好的印象,由此吸引他们选择购买本产品。一般来说,由于供应链较短,网络上销售的产品具有价格优势。

（5）品名定位。产品的名称,应像给人起名一样有讲究。是否上口,是否易懂、易记、易传播,字样是否美观,有没有寓意等都应有所斟酌。

2. 产品附加值定位策略

产品附加值是消费者购买产品时得到的附加利益,如运送、维修、安装、保险、使用培训等。在网络上,这种为产品增加的延伸服务更全面、更及时,已日益成为吸引消费者的手段。

3. 抢先定位策略

心理学研究证明,首先进入大脑的信息,常常有不易排挤的位置。抢先定位策略就是利用人们认知心理先入为主的特点,使网络广告所宣传的产品、服务或企业形象,率先占领消费者的心理位置,这被认为是最重要的定位策略,也是网络广告界最重视的策略。

这一策略最适宜于新产品上市,特别是那些标新立异能够引导消费的产品。采用高频、强刺激的方式率先抢占消费者的心理位置,往往能一举成名,使产品成为同类产品中的第一品牌、领导者品牌。老产品进入一个新的市场,进入一个还没有竞争强手的市场也可以采取这种抢先定位的策略。

4. 比附定位策略

这是一种攀龙附凤的定位方法。第一品牌、领导者地位已被别人占领,跟进者要想正面抗争非常困难,可以采用比照攀附领导者的方法,为自己的产品争得一席之地。

5. 空隙定位策略

这也是跟进者可以采用的比较重要的定位方法,是一种钻空子的方法,即寻找消费者心中的空隙,网络广告宣传的重点就是填补这种空隙。下面是常用的空隙定位方法：

（1）特点空隙。根据网络广告产品、服务或企业自身的特点,寻找消费者心中与之相应的需求空隙定位。以产品特点在消费者心理上形成的空隙来进行定位是最多见的。这种定位常常隐含网络广告产品与竞争产品间的比较。

（2）价位空隙。当产品功效、品质与同类产品相比较没有明显特点时,可采用价格定位策略。一种是低价定位策略,可以满足消费者追求物美价廉的心理需求;另一种是高价定位策略,可以满足有的人追求高贵豪华的心理需求。

（3）性别空隙。针对消费者的性别进行定位。

（4）年龄空隙。针对消费者的不同年龄进行定位。

（5）时段空隙。比如一些夜间专用化妆品、夜间专用药品,就是利用时段空隙进行定位的。

（6）消费习惯空隙。根据消费者的消费习惯或这种习惯的变化形成的需求空隙进行定位。

6. 品牌形象定位策略

根据产品的个性和消费者的审美心理塑造一个产品形象，并将这个形象植入消费者心中。这个形象一旦被消费者所喜爱，就会在消费者心中形成牢固的品牌地位，消费者与其说是为了满足某种物质需要而购买这种品牌的产品，倒不如说是因为喜欢该品牌所表现的某种形象、满足某种精神追求而购买。品牌形象策略多运用于高档消费。

7. 企业形象定位策略

公共关系网络广告，直接或间接推销的是组织的自身形象，对于企业来说，就是企业自身的形象。企业的特点、价值观、文化，企业对公众和社会的责任等，是企业公关网络广告的宣传主题，是此类网络广告的定位，也是企业形象的重要表征。

8. 网络广告文化定位策略

网络广告作为进行网络营销的手段之一，是以文化为基础的。从文化层面发展的非均衡性特点出发，网络广告与传统广告相比，其最大的特点就是它所宣传的信息要涉及不同的国家、民族和文化，因此在策略定位时要特别注意。

步骤四　选择网络广告表现策略

想要提高网络广告策划质量，就必须在整体策划中优选最佳的网络广告表现策略，以便在网络广告竞争中取胜。网络广告策划的主要策略有以下几种：

1. 创新策略

创新是网络广告的生命线，只有不断创新，才能设计出高品位、令人赏心悦目的网络广告，培养一大批网络品牌的忠诚客户。要做到观念新、创意新、设计新，必须营造出一个"卖方市场"的新空间。例如，可口可乐公司的一则创意广告，极富时代气息和动感效果，一眼看去，就会感觉为之一亮。它保留了可口可乐视觉商标的专有红色、用斯宾瑟字体书写的白色英文商标及波浪形飘带图案等基本元素，增加了可乐液体的飞溅效果。同时，液体飞溅的形状又呈现灌篮、跨栏等运动瞬间，给人以运动中的畅快淋漓感和运动后的舒爽放松感，更贴近消费者的感受，体现了与消费者的一种新的沟通方式，如图4.3.1所示。

图 4.3.1　可口可乐的创意广告

2. 形象策略

通过网站构筑企业形象,现已成为众多企业和传媒关注的焦点。浏览网页的主动权在于网民,这就必须策划出具有特色的自身形象,加强网站之间形象识别系统的沟通,建立起页面之间的统一感和整体感,使网站具有独特的视觉形象与强劲的视觉冲击力和吸引力。因此,一个网站应具备统一的图标、外联图标和网络广告条等元素,其色彩也应相对统一,突出重点,加深访问者对网页的印象。

3. 个性化策略

利用网络广告进行双向沟通的交互性特点,使网络消费者不仅可以主动在网上随意选择感兴趣的商品信息,还可以在网上与厂商直接对话,实现上网定制自己所偏爱的特殊要求的产品,满足其个性化需要。例如,日本丰田汽车公司,把原来的自动、批量生产线,改为灵活的"可变生产线",同一条生产流水线,根据网上客户的特殊要求,适当改变电脑程序,便可以随机地装配出许多不同型号的新款小轿车。该公司通过网络广告传播后,十多天便收集到15.2万名潜在顾客的姓名和地址,这些人都在网上向丰田公司索要其新车简介和视频。事后,丰田公司的经销商发现,网络广告为丰田公司卖掉了近万辆汽车,其销售增长率和市场占有率迅速提高。网络广告如图4.3.2所示。

图4.3.2 丰田汽车中文网络广告

4. 绿色网络广告策略

目前,环保观念和无公害意识越来越成为很多人的共识。按照国家可持续发展战略要求,广告商在承接网络广告之前,应对其产品的质量进行检验,严把质量关。尤其是食品、饮料、保健品等商品,必须符合食品卫生法等法律法规的要求,防止假冒伪劣产品和有损消费者身心健康的网络广告在网上传播,确保网络广告健康、有序地向前发展。

5. 立体网络策略

在市场细分的基础上,按照某一个特定标准(如年龄、购买力、偏爱等)把整体市场划分为立体化的不同层次的网络消费者群,有针对性地提供不同的产品并进行网络广告宣传。

如华为公司,针对网络消费者的高、中、低收入阶层,推出手机的 4 种系列机型:畅享系列针对一般用户,主打中低端产品;Nova 系列主打美颜自拍,主要与 OPPO、VIVO 竞争;P 系列主打时尚、拍照,更加适合都市白领等年轻人士;Mate 系列主打商务、大屏、续航等,做工精细、质感突出,主要面向更高收入的成功人士。针对不同收入阶层的消费者发布不同的网络广告信息,分别满足不同层面消费者的需求,采用这种策略,可避免与竞争者去争夺和瓜分一个有限的平面市场,进而能"更上一层楼"。如图 4.3.3 所示是华为公司的手机广告。

图 4.3.3　华为公司的网络广告

6. 促销网络广告策略

这种策略主要为配合企业开展促销活动,如打折优惠、买一赠一、幸运抽奖、以旧换新、送货上门、终身保修、分期付款、投保,以及软件升级、免费下载等。网络广告公司将这些促销信息在互联网上进行传播,是一种提升人气的网络广告宣传策略,如图 4.3.4 所示。

图 4.3.4　促销网络广告

7. 心理网络广告策略

这是一种引入消费心理学原理来进行策划的网络广告策略,引导网民加速完成注意、兴趣、联想、欲望、动机,直到做出购买决策等一系列心理活动过程,使消费者达到心理上的满足和满意。例如,用抽象、隐含方式在网页上提出问题,先不做正面回答,经过一段时间后再公布答案,揭晓谜底;或者在某一个网页的固定位置,连续分段发布部分网络广告信息,抓住网民的好奇心理,直到把所有的网页浏览完后,才知道其完整内容。

步骤五 选择网络广告时间策略

网络广告时间策略,包括网络广告发布的时机、时段、时序、时限等策略。时间策略与网络广告频次有极为密切的关系。

1. 网络广告时机策略

时机策略就是抓住有利的时机,发起网络广告攻势的策略。有时抓住一个有利的时机,能使网络广告产品一夜成名。

一些重大文娱、体育活动,如奥运会、亚运会、APEC 会议,都是举世瞩目的网络广告良机。订货会、展览会、重要纪念日、重要人物的光临乃至生日,都可能成为网络广告宣传的良机。

2. 网络广告时段策略

为了实现网络广告实时传播,让更多的目标受众来点击或浏览,以保证点击的高有效性,这就需要依靠网络广告的时段安排技巧了。同时,做好时段安排,还有利于节约费用。例如,上班族习惯工作的时候上网,学生习惯节假日上网且时间不会很晚,大学老师习惯夜晚上网,这些都是不同受众的不同生活习惯,他们的不同生活习惯对网络广告的传播效果会产生巨大影响。在安排网络广告时段时必须要意识到这点,并根据具体的广告对象、广告预算、所期望广告效果的强弱,以及参照竞争者的情况来做决定。

3. 网络广告时序策略

网络广告时序策略就是网络广告发布与商品进入市场孰先孰后的策略。有提前策略、即时策略、置后策略三种。

提前策略就是在产品进入市场之前先进行网络广告,提前引起公众注意,为产品进入市场做好舆论准备。有些新产品的网络广告,采用提前策略,还具有"吊胃口"的作用。

即时策略就是网络广告发布和产品上市同步,这是采用较多的策略。消费者看了网络广告,如果想购买,即可在商店买到该产品。

置后策略就是把网络广告放在产品进入市场以后。采取这种策略的好处是,能根据产品上市后的最初市场反应,及时调整事先拟定的某些不适宜的网络广告策略,使网络广告宣传的诉求重点、诉求方式、目标市场更为准确,更符合实际。

4. 网络广告时限策略

网络广告时限策略是指在一个网络广告项目中,确定网络广告宣传时间长短及如何使用既定网络广告时限的策略。

网络广告时限分为集中速决型和持续均衡型两种。集中速决型就是在短时间内,向目标市场大量投资,利用各种媒体发起强大的网络广告攻势,使网络广告投播的频率高、信息密集,对目标公众的刺激性强,适用于新产品投入期或流行商品引入市场期,也适用于一些季节性很强的商品。采取持续均衡策略,是为了不断地给消费者以信息刺激,以保持消费者对产品的持久记忆,适用于产品的成长期、成熟期。因此,科学地利用人们的遗忘规律,合理地安排网络广告推出次数和各次网络广告之间的时距,以及各个时间段里的网络广告频率,便成为网络广告时限策略中重要的课题。

事实上,在具体的网络广告策划中,人们常常综合运用集中速决型和持续均衡型策略,或者交替运用,这样处理既有变化,又不失均衡。

思考练习

一、填空题

1. 网络广告目标一般分为两种:_____和_____。
2. 产品定位策略有_____、_____、_____、_____、_____5种类型。
3. 网络广告时限策略是指在一次网络广告战役中,确定_____及_____的策略。

二、选择题

1. (　　)是网络广告的生命线,只有不断地创新,才能设计出高品位、令人赏心悦目的网络广告,造就一大批网络品牌的忠诚者。
   A. 形象　　　　　　B. 创新　　　　　　C. 个性化　　　　　D. 立体
2. 以下说法错误的是(　　)。
   A. 广告的最终目的在于促进产品推广
   B. 网络广告对产品的宣传策略,关键是造成产品的差别化
   C. 公共关系网络广告,直接或间接推销的是组织自身形象
   D. 市场定位就是把市场细分的策略运用于网络广告活动,确定广告宣传的目标
3. 下列(　　)不属于产品定位策略。
   A. 市场定位　　　　B. 价格定位　　　　C. 名称定位　　　　D. 质量定位

三、问答题

1. 网络广告目标的作用是什么?
2. 网络受众与传统受众的区别在哪里?
3. 网络广告的时间策略包括哪几种?
4. 企业有哪几种获取用户反馈信息的途径?
5. 简述网络广告的表现策略。

任务拓展

在美国,可口可乐和百事可乐几乎垄断了整个清凉饮料市场,形同铁壁铜墙,要想分一杯羹谈何容易?但七喜公司经过详细的市场调查,策划者们采取了一个大胆的产品定位策略——饮料有可乐与非可乐之分,七喜则属于非可乐类。将自己与可乐类截然分开,避免同可口可乐与百事可乐两大劲敌的直接交锋,从而另辟蹊径,挺进饮料市场。配合这一"非可乐"定位,公司制作了一系列针对性极强的宣传广告。如一则广告,画面以黑色为底,突显出画面中心七喜汽水的晶莹透亮,广告语也写得十分精彩:"可乐、可乐、可乐,你总喝它;现

在你可以不喝它啦!"精彩的定位,精彩的广告,使七喜迅速爬升到"老三"的位置。而且,其创造的漫画人物 Fido Dido 也成了"与众不同、重视自我"的标识。

根据上述论述,完成以下问题:
(1) 请用定位理论分析七喜成功的原因。
(2) 简略分析七喜饮料在网络广告中所制订的策略策划。
(3) 请大家结合所学的知识,在进行市场调查的基础上,对七喜的网络广告目标、受众、媒体策划进行效果评价。

任务四　网络广告策划流程

任务描述

华米公司新款"华米 9"手机,准备在新浪、网易、搜狐三家主流新闻门户网站中挑选一家,投放为期半年的网络广告。请选择一家合适的门户网站,编制一份简单的网络广告营销策划书。

任务目标

根据本项目任务的要求,确定以下目标:
(1) 了解网络广告策划的主要流程;
(2) 进行模拟仿真网络广告策划。

知识准备

知识准备一　网络广告策划的一般流程

网络广告策划一般包括网络市场调研、网络广告目标确定、网络广告策略选择、网络广告制作方法选择、网络广告传播渠道选择、网络广告预算、网络广告策划书撰写 7 个阶段,其流程如图 4.4.1 所示。

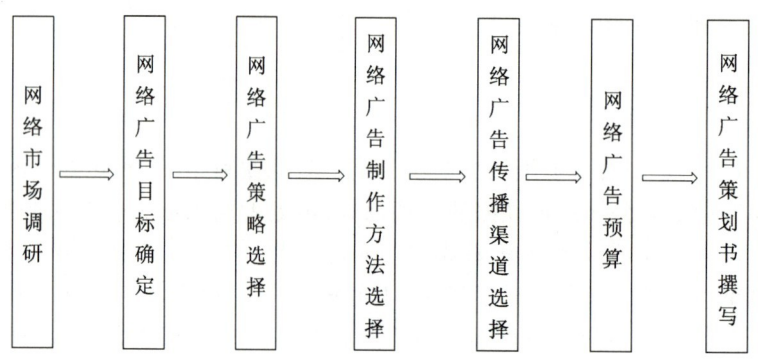

图 4.4.1　网络广告策划流程图

1. 网络市场调研

要进行网络广告策划,首先要开展网络市场调查研究,做好 SWOT 战略分析,进行网络市场细分化。这个步骤是网络广告策划是否能取得成功的第一步,也是起到决定性作用的环节。

2. 网络广告目标确定

通过信息沟通使消费者产生对品牌的认识、情感、态度和行为的变化,实现企业的营销目标。在公司的不同发展时期有不同的广告目标,比如说是形象广告还是产品广告,对于产品广告在产品的不同发展阶段,广告的目标可分为提供信息、说服购买和提醒使用等。

3. 网络广告策略选择

依据现阶段的网络广告目标,选择适合的网络广告策略。创新的网络广告策略往往能够吸引网络广告受众关注。

4. 网络广告制作方法选择

根据网络广告市场调研,确定网络广告目标和网络广告策略,根据各种网络广告制作方法的表现特点,有针对性地进行方法选择,力求达到最优展示效果。

5. 网络广告传播渠道选择

网上发布广告的渠道和形式众多,各有长短,应根据自身情况及网络广告的目标,选择合适的网络广告传播渠道。

6. 网络广告预算

指在一定时期内,为实现企业的战略目标,对网络广告活动所需经费总额及其使用、分配所做的预测性测算。

7. 网络广告策划书撰写

根据之前的策划工作,进行网络广告策划书的撰写。策划书结构要完整,条理清晰,语言符合行业规范,对整个网络广告策划工作做出准确、充分的表述,对未来的策划实施具有指导意义和监控作用。

知识准备二　网络广告策划的具体实施

网络广告策划可分为实际操作阶段、检测阶段和实施阶段。

(1) 实际操作阶段。

实际操作阶段是网络广告策划的实质性阶段,在这一阶段首先要对零散的资料进行汇总、综合、分析、整合,从而得出初步结果,形成一个可操作的提纲。这一过程既是前一阶段的分析结论,又是下一步行动的开始,因此,每一项结果的形成都不敢有任何失误,否则将影响后面的一系列计划。但计划的形成并不是一次完成的,在以后的实践中还应对不足之处做出修正,甚至要反复多次修正才能形成最终的计划书。

计划经过修正后就要进入实施阶段,在这一阶段首先要由某个设计人员写出一份具体的执行计划,这项计划不仅体现了操作过程的内容,而且对具体实施中的细节也要考虑周到,应力求做到具体、翔实、可靠、全面。这项计划也是网络广告实施前的最后蓝本。

制订和撰写网络广告方案,即"网络广告策划书"。其格式和内容如下:

- 前言(导入语:网络广告的宗旨、网络广告实现的目标);
- 网络市场调研与市场环境分析(包括机会点即优势、问题点即劣势与难点、竞争对手

状况分析三部分）；
- 目标市场诉求对象的个性化需求分析；
- 确定网络广告的具体战略目标；
- 制订网络广告的具体战术策略；
- 网络广告的方案设计（包括产品的目录、企业名称、产品说明书、产品价格、交货与结算方式等文本内容和网页的画面内容设计，以及背景音乐、广告词语等）；
- 网络广告的表现形式；
- 网络广告计划进度与广告预算；
- 信息反馈、调整和修正策划方案及网络广告效果评估。

（2）检验阶段。

检验阶段是对最后出台的广告实施计划的审定和测评，这一阶段将上一阶段拟制的稿件送给广告主或企业。在呈送过程中，有必要把更加详细的实施计划向广告主或企业进行解释说明，解释者应该是这项计划自始至终的参与者和制订者，因为只有他才能从实质和核心上去把握这则广告。

评议者收到计划后一般会提出一些修改意见，这时的修改与网络广告设计人员和执行人员没有关系，主要是企业主的意见反馈，是对稿件来自非设计人员的审定，也是整个网络广告计划的最后审定工作，其目的是更加有效地提高广告效果。在实践中，许多广告人埋怨企业专横、武断，这也许是两者在沟通上存在困难，这个阶段的沟通应该是很重要的，它不仅关系到广告的实施，而且对双方敬业精神也是一个考验。只有坦诚的合作，才会有双方的敬业，才会带来网络广告的成功。

（3）实施阶段。

网络广告操作的最后一个阶段是实施阶段。经过设计人员的测评与修正，再送交企业进行最后的测评和修改后，整个计划就可确立。确定好的策划方案呈送到广告主手中，广告主再与网站沟通进入实施阶段。这几方面的权利、义务关系在实施阶段也需要从书面上以合同的形式加以确认，合同一经签订，整个网络广告的策划工作就完成了。

进行网络广告创意及策略选择需注意以下几点：

① 要有明确有力的标题。
② 广告信息要简洁。
③ 发展互动性：如在网络广告上增加游戏功能，提高访问者对广告的兴趣。
④ 合理安排网络广告发布的时间因素：网络广告的时间策划是其策略决策的重要方面，它包括对网络广告时限、频率、时序及发布时间的考虑。
⑤ 正确确定网络广告费用预算：公司首先要确定整体促销预算，再确定用于网络广告的预算。整体促销预算可以运用量力而行法、销售百分比法、竞争对等法或目标任务法来确定。

任务实施

网络广告策略是企业网络促销策略之一，该策略主要是指贯穿于广告策划和实施的一系列活动过程。网络广告的策划过程包括以下几个步骤：

步骤一　定位网络广告的目标

网络广告目标定位,包括明确网络广告所要达到的目的和对网络广告目标受众进行需求特点的分析。明确网络广告目标是为了指导网络广告的方向和进程,为广告评估提供标准和依据。进行网络广告目标受众的分析是通过对网络广告目标受众的确定和分析,了解他们对网络广告的需求特点,从而为设计广告的内容、选择广告的形式提供依据。

步骤二　编制网络广告的预算

正确编制网络广告的预算是网络广告能否正常运作的保证。在制订网络广告预算时应根据网络广告要达到的目标、企业的产品市场、竞争者的情况以及网络广告收费标准等来综合考虑。众所周知,广告的费用是高额的,虽然网络广告的费用比实体广告的费用相对较少些,但也要精打细算。

步骤三　确定网络广告服务商

网络广告的策划、制作和投放都需要专业的技术人员来进行操作,当企业不具备这方面的人才条件时,可以委托网络广告中介服务组织来帮助实现。如网络服务商、网络广告公司等。但是,在选择网络服务商组织时,应注意认真评估该服务组织的企业资质、技术水平、服务水平和收费标准等多方面的情况,以保证获得满意的网络广告服务。

步骤四　网络广告的设计与制作

(1) 设计要求:主要是广告信息内容要突出企业的价值观、形象要素。首先,内容应真实可信,符合目标受众的信息量需求,而且能不断更新;其次,结构合理,信息展示时要做到层次清晰,要充分考虑目标受众查询和保存的方便性;再次,表现形式设计要鲜明漂亮,能根据广告信息设计和目标受众的特点确定运用不同的表现形式,网页界面友好,易于导航。

(2) 制作要求:主要是指在按以上内容设计要求的基础上,注意制作技术不要复杂到影响下载速度;注意浏览器、安全、版权信誉、定向功能等与制作技术有关的问题。

步骤五　网络广告效果评估

网络广告效果评估是网络广告运作的最后一个步骤。利用它可以衡量网络广告是否达到了公司预期的目的,更好地把握今后的运作方向。评估网络广告效果可以从网络广告的传播效果和实际产生的经济效果两个方面来进行。

(1) 网络广告的传播效果评估。

网络广告的传播效果是指网络广告宣传对消费者消费心理和行为的影响程度。网络影响的传播效果可以用广告的被动浏览时间和次数、主动点击次数、与浏览者的交互行为等来衡量。通过对浏览者流量的统计,不仅可以精确地统计出广告被多少个浏览者看过,还可以知道这些浏览者查阅的时间分布和地域分布。这些给企业正确评估广告效果、调整广告的投放策略提供了准确的依据。

(2) 网络广告的经济效果评估。

网络广告的经济效果是指通过网络宣传,对企业经济利益的影响。由于经济利益和销售情况的变化还受其他因素的影响,因此,很难对实际经济效果进行定量的评估。在实际操

作中,企业对网络广告进行效果评估时可以根据自己的能力和需要选择,如通过第三方(网络广告服务商)评估机构进行评估;通过访问统计软件进行评估;通过客户反馈情况进行评估。网络广告服务商提供的评估服务主要有:每日广告记录,它包括当日的广告播放情况和点击数据;广告的切屏报告,包括每日印象数、点击数据、总体走势的分析。

步骤六 网络广告的推广技巧

一个成功的广告不仅需要好的制作技术,还需要广告推广技巧的配合。否则,再好的网络广告同样会遭遇失败。网络广告应该重点把握目标受众、广告设计、实时效果监控等方面的技巧。

(1) 锁定目标受众,适当宣传推广。

锁定目标受众,适当宣传推广是指企业在广告推广前要按照适宜的标准持续做好目标受众的需求调查和细分。如目标受众的性别、年龄、文化程度、收入、职业、地域特点等。通过调查和细分,了解目标受众的需求和偏好,选择(主题、群体、品牌、收费、时机等)适合的网站做宣传,并为网上用户提供购买和试用的机会。

(2) 运用营销技巧,实时效果监控。

运用营销技巧是指广告设计人员应与广告制作人员共同完成广告设计,针对信息特点,合理运用营销技巧和技术手法。如广告设置尽量在网页上方;让广告与网站最主要的内容相伴;广告要经常更新,保持新鲜感;广告直接链接到目标页面;广告适当采用动画图片、声音;注意文字的修饰作用。

实时效果监控是指利用访问统计软件或广告评估机构进行实时的技术和内容监测。利用营销技巧的测评指标(点击数、页面印象、回应单击)显示监测结果,根据结果来分析、判断广告效果,把握今后的改进方向。

思考练习

一、选择题

1. 网络广告策划一般包括 _____、_____、_____、_____、_____、_____ 和 _____ 等 7 个阶段。
2. 评估网络广告效果可以从 _____ 和 _____ 两个方面进行。
3. 网络广告策划可分成 _____、_____ 和 _____ 三个部分。

二、选择题

1. 广告的目标不包括(   )。
   A. 提供信息   B. 说服购买   C. 提醒使用   D. 树立形象
2. 以下说法错误的是(   )。
   A. 第一个字母 A 是"注意"(Attention)。在网络广告中意味着消费者通过对网络广告的浏览,逐渐对广告主的产品或品牌产生认识和了解
   B. 第二个字母 I 是"兴趣"(Interest)。网络广告受众注意到网络广告主所传达的信息之后,对产品或品牌发生了兴趣,想要进一步了解网络广告信息,可以点击网络广告,进入网络广告主的营销站点或网页中

C. 第三个字母 D 是"欲望"(Desire)。明确网络广告目标是为了指导网络广告的方向和进程,为广告评估提供标准和依据

D. 第四个字母 A 是"行动"(Action)。最后,网络广告受众把浏览网页的动作转换为符合广告目标的实际行动,可能是在线注册、填写问卷、参加抽奖或者是在线购买等

3. 下列(　　)不属于网络广告策划阶段。

A. 实际操作阶段　　　　　　　　　B. 指导阶段
C. 检测阶段　　　　　　　　　　　D. 实施阶段

三、问答题

1. 简述确定网络广告目标过程的应用原则。
2. 制订网络广告策划书的格式和内容是什么?
3. 网络广告可供选择的渠道和方式主要有哪些?
4. 网络广告创意及策略选择有哪些?

任务拓展

长期以来,可口可乐公司一直通过体育和音乐这两个主要平台与青年人沟通,但去年4月底可口可乐开通了 i Coke 网络平台,目的是试图通过网络吸引更多的年轻族群。可口可乐公司看好网络游戏《魔兽世界》在青少年中的影响,与暴雪娱乐和第九城市共同合作推出"要爽由自己,冰火暴风城"的促销活动,这是可口可乐在中国迄今为止最大的市场推销活动。

本次活动在全国超过 50 个城市展开,近 3 亿名消费者将有机会参与此次活动,赢取可口可乐提供的包括笔记本电脑在内的 4 000 万份奖品。这次合作将传统营销模式与新型互联网平台有机结合,目的是通过网络吸引更多的青年消费者,树立公司的形象。

完成以下内容:

(1) 请对消费者、市场、竞争者进行网络调查分析。

(2) 请你根据可口可乐公司本次促销活动的目标,为该公司策划网络广告促销的整体策略流程(要求指明:目标消费者的特点、网络促销组合策略、网络促销工具或方法等)。

(3) 借鉴可口可乐的经验,对百事可乐经营销售策略进行策划。

制作网络广告

一、项目简介

网络广告是企业正常生产经营的重要组成部分,用户一旦产生了兴趣,就会立刻进行点击广告动作,这对于广告的制作来说是至关重要的。广告中的字体设计对于网络广告整体的设计来说是重要的组成部分,影响着网络广告的质量以及人们对设计的接纳程度,也使人们真正感受到网络广告所要表达的内涵。

二、项目目标

本项目通过"制作关键字广告""制作旗帜类广告""制作插屏广告""制作综合类广告"四个任务,让同学们学会如何独立地完成广告设计与制作。

三、工作任务

根据以上四个任务的要求,基于实践工作过程,以任务驱动的方式,完成以下任务目标:

(1) 掌握网络广告字体设计的制作方法。
(2) 掌握旗帜类网络广告的制作方法。
(3) 掌握插屏网络广告的制作方法。
(4) 了解综合类广告设计的原理和制作方法。

任务一　制作关键字广告

任务描述

古韵文化传媒公司希望能重新制作一个公司的 LOGO"古韵",能更好地进行公司形象推广,需要对"古韵"两字进行字体设计。

任务目标

根据本项目任务的要求,确定以下目标:
(1) 掌握网络广告字体装饰的方法;
(2) 了解字体设计的原则。

知识准备

知识准备　网络广告字体设计的含义

字体设计是指对文字按视觉设计规律加以整体的精心安排的过程。不同的字体设计能够向观众传递出企业或品牌不同的精神内涵,与视觉、听觉同步传递信息,强化企业形象与品牌的诉求力,达到良好的营销效果。

1. 网络广告字体设计的意义

(1) 为网络广告赋予艺术感。字体设计的感染力是巨大的,世界上无所谓好看的文字或不好看的文字,只在乎设计师如何对文字进行创意设计并产生富有魅力的字体。新时代的设计师会运用崭新的观念去表现字体的时代性,从设计和组合上都带给人清新的感觉。

(2) 有效地传播情感因素。字体设计与网络广告的关系远比人们想象中来得复杂,在广告上进行字体设计并非单纯地将文字添加上去那么简单。在视觉传达的过程中,文字作为画面的形象要素之一,具有传达感情的功能,因而它必须具有视觉上的美感,能够给人以美的感受。

(3) 提高网络广告的语言效果。在网络广告设计中,除了对画面、色彩的表现之外,以广告为主体的字体设计也是其中非常重要的部分,它是传达广告信息的重要载体。字体经过艺术化设计以后,可使文字形象变得情境化、视觉化,强化了语言效果,对提升广告设计品质和视觉表现力发挥着极大作用。

(4) 字体设计决定广告版面的空间和层次。如果说文字的应用与编排方式在传统设计中显得较为单一、呆板的话,那么现代字体的表现方式在应用舞台上则显现出极大的灵活性,着力追求视觉上的标新立异,以增强作品的活力与视觉冲击力,从而加深整个版面的层次感和空间感。

2. 网络广告字体设计的原则

网络广告字体设计的原则主要包括适合性、可识性、视觉美感、设计个性四种。

（1）适合性。

文字的信息传播是其最基本的功能。文字设计重要的一点是要与主题契合，要与内容一致，不可相互冲突，破坏了文字的诉求效果。如生产女性用品的企业，其广告的文字必须具有柔美秀丽的风采；手工艺品广告文字则多采用不同感觉的手写文字、书法等，以体现手工艺品的艺术风格及其情趣。

（2）可识性。

文字的最主要功能是向不同的消费者传达信息，要达到此要求，必须要保证文字的整体诉求效果。无论字形多么富于美感，如果失去了文字的可识性，这一设计无疑是失败的。

（3）视觉美感。

文字作为视觉传达中重要的要素之一，要具备情感功能，能够给人视觉上的美感。人们对于作用其视觉感官的事物往往以美丑来衡量，这已经成为有意识或无意识的标准。满足人们的审美需求和提高美的品位是每一个设计师的责任。

（4）设计个性。

设计的个性化，得益于每个不同广告主题的要求及广告设计者对网络广告的深入解析，创造与众不同的独具特色的字体，给人以别开生面的视觉感受，将有利于企业和产品良好形象的建立。在设计时要避免与已有一些作品的字体相同或相似，更不能有意模仿或抄袭。

任务实施

步骤一　创建画布与文字

新建一个宽 800 像素，高 600 像素的图层，如图 5.1.1 所示。创建一个文本框，输入文字"古韵"，设置字体为幼圆，字号为 180，并居中、加粗，如图 5.1.2 所示。

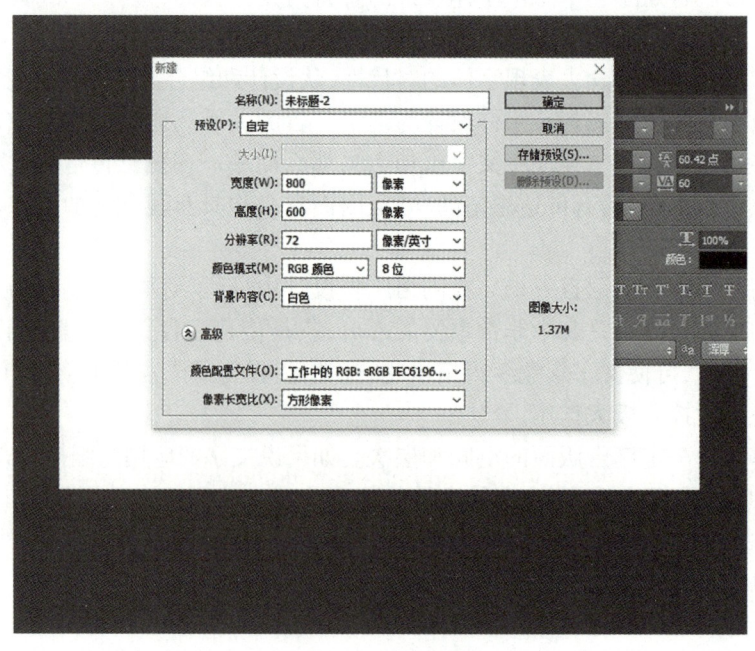

图 5.1.1　新建图像文件

图 5.1.2　输入文字

步骤二　改变字体形状

选中文本,按住〈Shift〉+〈T〉键变换,然后按住〈Shift〉键进行拉伸,如图 5.1.3 所示;并将图层"不透明度"项设置为 40%,如图 5.1.3 所示。

图 5.1.3　改变字体形状

步骤三　修改字体笔画

利用图角矩形工具修饰文字"古韵",在其中可用〈Alt〉键变换大小,如图 5.1.4 所示。

图 5.1.4　利用图角矩形工具

通过删减把大致结构完成,利用转换点工具,在红圈中添加"圆角",如图5.1.5所示。

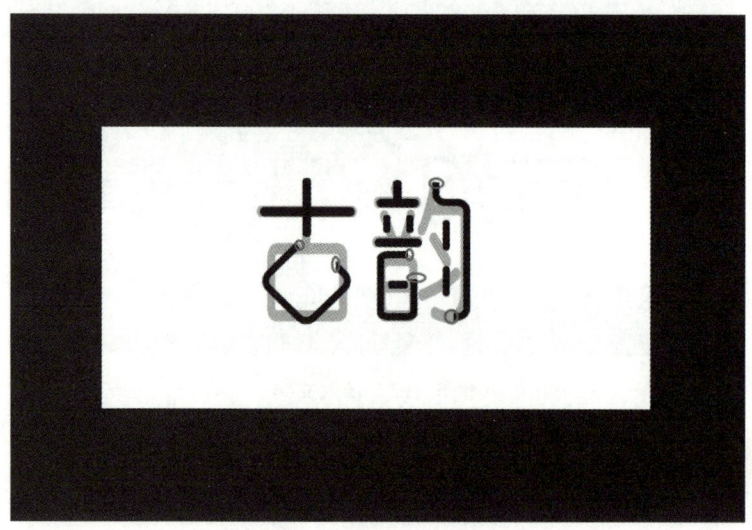

图5.1.5 添加"圆角"

在图5.1.6中红圈位置添加多个圆角,让整个字显得圆滑并微调结构大小。

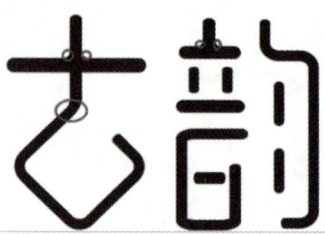

图5.1.6 微调结构大小

作品最终效果如图5.1.7所示。

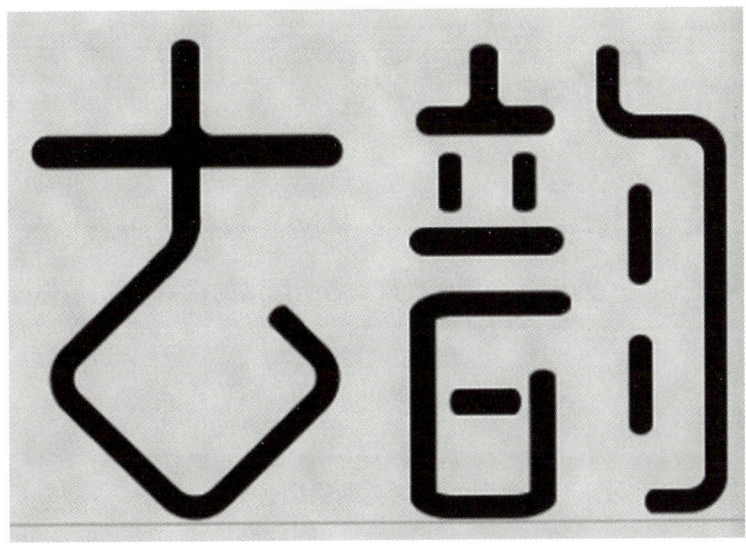

图 5.1.7　作品最终效果

思考练习

一、选择题

1. 字体设计分类包括：标准字体、书法字体、(　　)等。
   A. 艺术字体　　　　B. 罗马字体　　　　C. 装饰字体　　　　D. 变形字体
2. 设计字体包括基础字体设计变化而成的(　　)、装饰体和书法体等。
   A. 表意体　　　　　B. 基础体　　　　　C. 变体　　　　　　D. 广告体
3. 字体设计在注重艺术形式的同时，必须注重字体设计的(　　)。
   A. 内容和功能　　　B. 整体和谐　　　　C. 结构变化　　　　D. 与众不同
4. 在进行设计时必须对字体做出统一的规范，这是字体设计的(　　)准则。
   A. 形态规范　　　　B. 斜度规范　　　　C. 空间规范　　　　D. 粗细规范

 任务拓展

青芒设计公司最近接到一个任务，需要为悦府云旅公司做一个 LOGO 设计，要求用"府"字做设计，具有古典感觉。

任务二 制作旗帜类广告

任务描述

青芒文化需要推广一款产品,希望能投放到各个网站的横幅位置,请你设计制作一个旗帜类广告。

任务目标

能够制作静态和动态等不同类型的旗帜类网络广告。

知识准备

知识准备 旗帜类广告

旗帜类广告(Banner),又名横幅式广告,是最常用的广告形式,尺寸是486×60(或80)像素,以 GIF,JPG 等格式建立图像文件,定位在网页中,大多用来表现广告内容。同时还可使用 JAVA 等语言使其产生交互性,用 Shockwave 等插件工具增强表现力。旗帜广告是互联网界最为传统的广告表现形式,其形象特色早已深入人心。旗帜广告通常置于页面顶部,最先映入访客眼帘,创意绝妙的旗帜广告对于建立并提升客户品牌形象有着不可低估的作用。在浏览广告的过程中,用户对广告的关注度直接影响广告效果,而广告设计水平也影响着用户对广告的关注程度。

在互联网时代之初,旗帜广告是在线营销的主要方式之一,如今的情况已经发生很大的变化,旗帜广告的泛滥使得访客不得不对其视而不见。除非特殊情况,访客们尽量不去点击旗帜广告。所有这些是否意味着旗帜广告已濒临灭亡呢?尽管与过去相比,旗帜广告的点击率比较低,但其广告作用仍然可以非常有效。现在使用的旗帜广告,一类是用于品牌识别,另一类则是用于给网站带来更多的流量,从而带来更多的销售。

旗帜广告分为横幅广告和竖式广告两种。横幅广告一般出现在网站主页的顶部和底部;竖式广告一般设在网站主页的两侧。旗帜类广告可以分为三种基本类型:静态、动态和交互式。

任务实施

步骤一 创建画布与文字

新建一个486×80像素的画布,用横排文字工具输入每一个字,建4个文字图层,并对文件进行简单的排列,如图5.2.1所示。

项目五 制作网络广告

![美力联盟]

图 5.2.1 创建画布与文字

步骤二 文字设计

使用"画笔工具"—"画笔预设"—"硬边圆"功能,改变"联"的笔画,做出一定的设计感,如图 5.2.2 所示。

图 5.2.2 文字设计

步骤三 文字美化

选中所有图层,用〈Ctrl〉+〈G〉把所有图层打包成一个组;双击组,打开"图层样式"命令,勾选"颜色渐变"项,对其进行渐变处理,如图 5.2.3 所示。

图 5.2.3 文字美化

新建图层 2,使用画笔工具,选取淡蓝色,使用"画笔预设"—"柔圆边"功能,对于字体的边角进行涂抹;右击图层 2,创建"剪切蒙版",注意图层关系,如图 5.2.4 所示。

图 5.2.4　创建"剪切蒙版"

步骤四　信息框的制作

用矩形工具拉出一个与字体同样长的长方形,颜色为"132f5e"。

新建一个图层,命名为"打蓝高光",执行"画笔工具"—"预设画笔"—"柔边圆"命令,在"打蓝高光"图层上,在长方形的中间进行涂抹,颜色为"549ad5",如图 5.2.5 所示。

图 5.2.5　打蓝高光

创建一个"全满 129 减 10"的促销语,选用幼圆字体,如图 5.2.6 所示。

图 5.2.6　添加促销语

步骤五　背景制作

使用钢笔工具,建立一个蓝色的五边形,其他部分填充为粉色,如图 5.2.7 所示。

图 5.2.7　添加背景

步骤六 商品放置

把商品放置在相应的位置,用画笔涂抹出阴影直至完成,如图5.2.8所示。

图5.2.8 商品放置

思考练习

一、选择题

1. 投放旗帜广告的首选站点是(　　)。
   A. 搜索引擎　　　　　　　　　　B. 主页
   C. 导航台　　　　　　　　　　　D. 最有价值的网站
2. 要发布网络广告,首先要做什么?(　　)
   A. 选择网络广告服务商　　　　　B. 联系网络广告代理商
   C. 选择广告内容以确定广告形式　D. 制作和发布广告
3. 关于公告栏广告的发布技巧,以下说法不正确的是(　　)。
   A. 写一个好标题
   B. 对内容部分要简明扼要
   C. 在相关的类别、地点发布
   D. 考虑服务商的设备条件和技术力量配备

任务拓展

搜索各种网络素材并制作旗帜型广告。

任务三 制作插屏广告

任务描述

"华米9"手机作为一款游戏手机,销量一直没有提高,公司决定改变以往的宣传方式,使用插屏广告进行宣传以提升销量。

任务目标

(1)了解插屏网络广告的相关知识;
(2)能够制作插屏网络广告。

知识准备

插屏广告主要是指采用了自动广告适配和缓存优化技术,可支持酷炫广告特效,视觉冲击力强,开发者可定义为"开屏广告"或"退屏广告";插屏广告与自身 App 完美结合,拥有更佳的用户体验,更好的广告效果。插屏广告是目前比较有效的精准广告推广形式,比起推送广告,用户可以选择点击或者忽略,不会被强制看广告,而且是通过 CPA 来计费,对开发者来说这是一种比较好的形式,对于广告主来说这种精准的广告推送形式更加有效。

任务实施

步骤一 创建画布与背景

新建一个 800×800 像素的画布,插入素材,摆放好位置,如图 5.3.1 所示。

图 5.3.1 创建画布

创建色相/饱和度图层,调整数值,如图 5.3.2 所示。

图 5.3.2　色相/饱和度图层

步骤二　商品摆放

把商品拖入图层,放至图层左侧,进行大小调整,如图 5.3.3 所示。基本排版布局完成。

图 5.3.3　商品布局

步骤三　图片合成

(1) 将游戏的图片拖入画布,摆放在横屏手机前面。在游戏图片层添加"矢量蒙版",留下手机框,如图 5.3.4 所示。

图 5.3.4　添加游戏图片

(2)拖入游戏人物图,使其大过手机,有一种人物飞奔出屏幕的视觉冲击,如图 5.3.5 所示。

图 5.3.5　添加游戏人物图

(3)在游戏人物图层添加"矢量蒙版",用画笔擦除白底,如图 5.3.6 所示。

图 5.3.6　添加"矢量蒙版"

步骤四　文字设计

添加"不辜负每段游戏人生"文字图层,使用微软雅黑字体,倾斜。添加"HUAMI 9"字体图层,使用 Berlin Sans FB 字体,加粗。效果如图 5.3.7 所示。

图 5.3.7　添加文字

步骤五　输出最终合成图片

"华米 9"手机插屏广告最后完成,效果如图 5.3.8 所示。

图 5.3.8　最终完成效果

思考练习

一、选择题

1. (　　)是插播式广告的特点。

   A. 针对性强　　　　　　　　　　　　B. 最早的网络广告形式

   C. 肯定会被浏览者看到　　　　　　　D. 对浏览者干扰少

2. 插页广告也叫作(　　)。

   A. 赞助式广告　　　　　　　　　　　B. 竞赛和促销广告

C. 电子杂志广告　　　　　　　　　　　D. 弹出式广告

3. 在一个网站的两个网页出现的中间插入的网站广告是(　　)广告。

A. 按钮式　　　　　B. 横幅式　　　　　C. 插播式　　　　　D. 电子邮件式

 任务拓展

精品车行"奥迪汽车"嘉年华活动需要在官网上制作插屏广告,请为其制作插屏广告。

任务四　制作综合类广告

 任务描述

"百岁山"在网络上征集制作有关品牌的综合类广告。

任务目标

能根据不同产品的特点制作各种不同类别的综合类广告。

 知识准备

广告吸引关注,获得注意力。借势型的创意,如名人形象、古人语录、事件借用等方式都是吸引关注力的很不错的方式。用产品的卖点加上消费者的需求心理,促使潜在消费者关注广告。另外还要考虑广告投放的地点,如果是电视广播形式还需要考虑时间、频次、画面的质量等因素。综合类广告就是把所有能运用到、能宣传的东西都融合在广告里,以此来吸引人的眼球。

要把一个广告做好,就要有突出的亮点,要让人一眼就知道你宣传的是什么产品,有什么特点。比如:可口可乐的广告设计图让人一眼就认出来,很有特色的瓶身做进广告里就是让人知道这宣传的是什么。

广告语的设计也非常重要,文字的排版和样式要有特色,关键文字要醒目突出。

 任务实施

步骤一　Banner制作之创建画布与文字

新建一个608×304像素的画布,颜色为"acb5dc"。

如图5.4.1所示,在左侧用矩形工具拉出一个白色正方形;复制矩形图层,执行"描边"—"红色"命令,使用功能键〈Ctrl〉+〈T〉缩小复制层;使用直线工具画几条竖线,排列整齐。

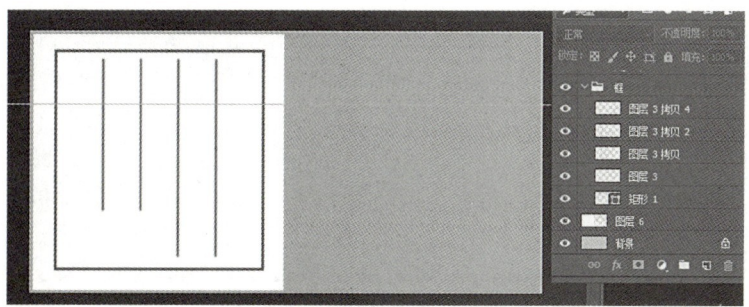

图 5.4.1　新建画布和矩形图层

步骤二　Banner 制作之文案设计

如图 5.4.2 所示,使用竖排文字工具,设置字体为"华文新魏,40 号",输入文字"百岁山";设置字体"隶书,23 号",输入文字"水中贵族　关注国人饮水健康　崇尚自然、追求自然之美　制作水中臻品"。

图 5.4.2　添加文字

步骤三　Banner 制作之促销字体设计

用竖排文字工具输入"立即预购",采用"华文新魏,40 号"字体,在自定义图案中选择图案,拉一个方向图案,设置为红色,如图 5.4.3 所示。

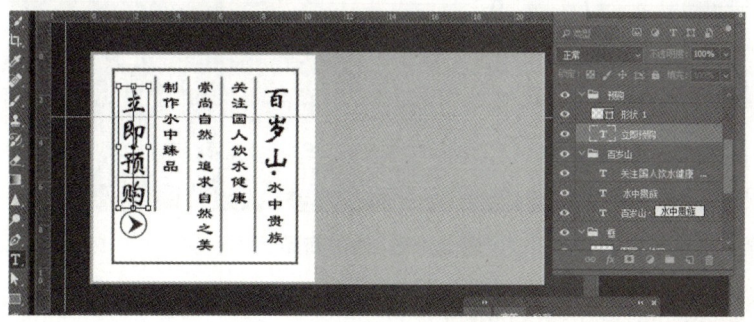

图 5.4.3　添加文字"立即预购"

印章制作:用圆角矩形工具,画一个半径像素为 20 的红色正方形;添加"矢量蒙版",用画笔涂抹。创建文字图层:使用竖排文字工具,设置"隶书,18 号"字体,输入文字"水中贵族"。操作如图 5.4.4 所示。

图 5.4.4　添加文字"水中贵族"

步骤四　Banner 制作之商品放置

用矩形工具拉出一个长方形,颜色设置为"bbcbe5",如图 5.4.5 所示。在矩形框中添加商品,如图 5.4.6 所示。

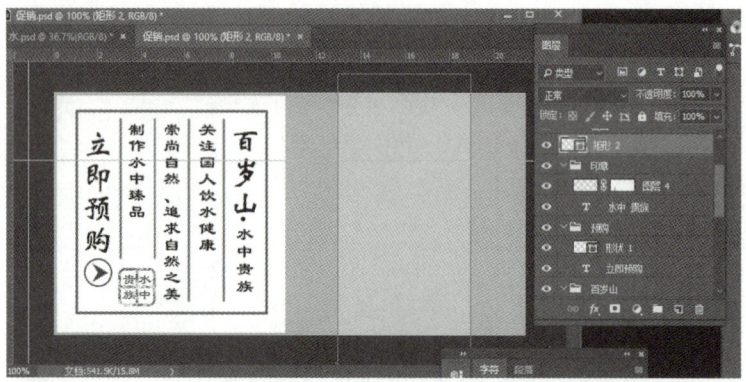

图 5.4.5　添加矩形框

图 5.4.6　添加商品

步骤五　Banner 制作之背景制作

拖入云、山等装饰物作为背景,如图 5.4.7 所示。

项目五 制作网络广告

图5.4.7 添加装饰图背景

步骤六 Banner制作之输出成品

百岁山矿泉水横幅广告图的最终效果如图5.4.8所示。

图5.4.8 横幅广告图最终效果

步骤七 插屏广告制作之创建背景

新建一个800×800像素的画布,上下两端为灰色渐变,如图5.4.9所示。

图5.4.9 创建画布

109

步骤八 插屏广告制作之装饰图形设计

用钢笔工具勾勒出形状,在"图层样式"项中勾选"渐变",调整渐变颜色,执行"点击滤镜"—"表面模糊"命令,如图 5.4.10 所示。

图 5.4.10 钢笔工具勾勒形状

依次做出多种形状,灰色图形可作为阴影,如图 5.4.11 所示。

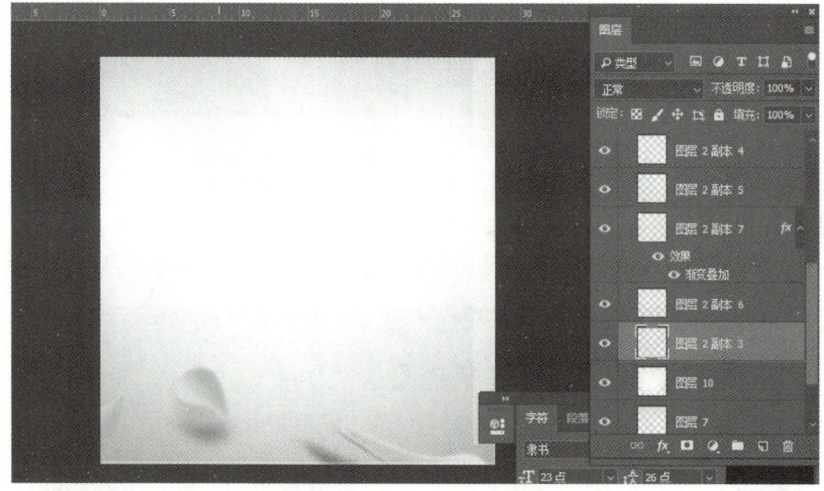

图 5.4.11 勾勒多种形状

步骤九 插屏广告制作之商品美化

拖入商品,创建曲线图层,对商品颜色做调整,如图 5.4.12 所示。

图 5.4.12　创建曲线图层

步骤十　插屏广告制作之文字设计

创建"每"文字图层:执行"右击图层"—"栅格化图层"命令,用钢笔工具抠出两点。一个点新建一个图层,对"每"图层样式勾选"渐变叠加",如图 5.4.13 所示;"每"图层投影叠加效果如图 5.4.14 所示。

图 5.4.13　"每"图层渐变叠加

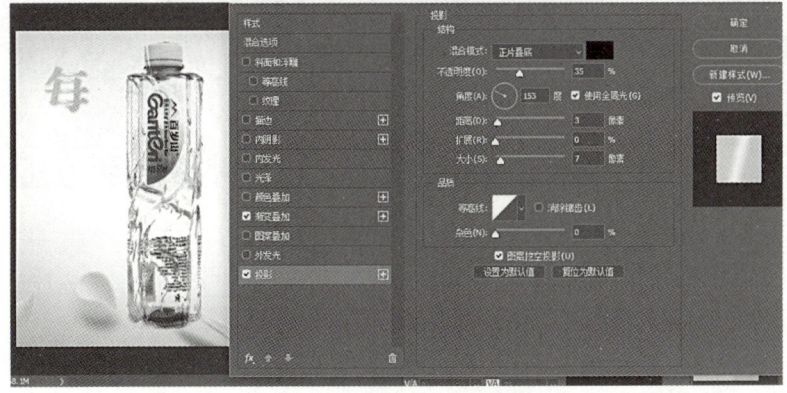

图 5.4.14　"每"图层投影叠加

对于"点"图层样式勾选"渐变叠加",如图 5.4.15 所示;"点"图层外发光效果如图 5.4.16 所示;"点"图层投影效果如图 5.4.17 所示。

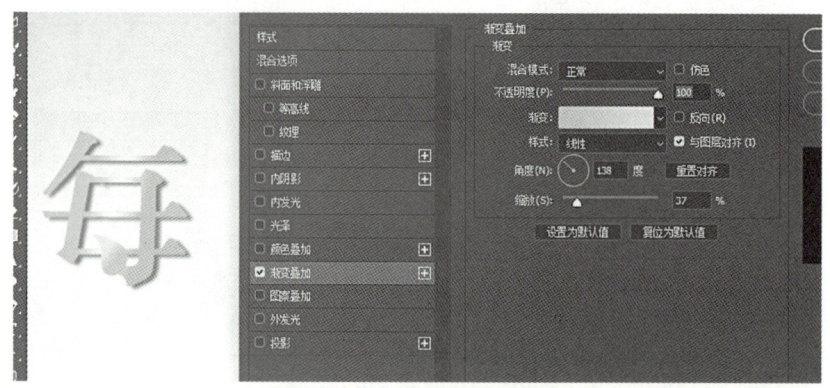

图 5.4.15　"点"图层渐变叠加

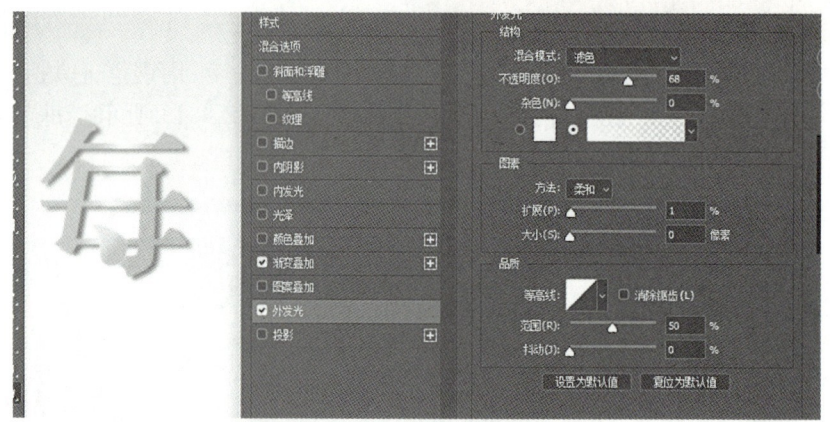

图 5.4.16　"点"图层外发光

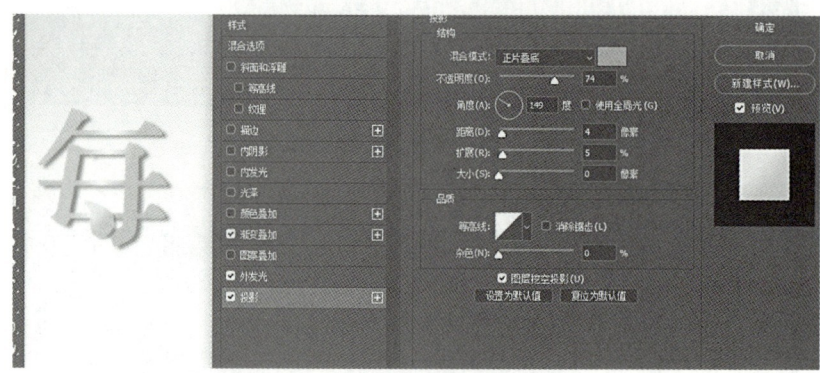

图 5.4.17　"点"图层投影

做出第二个"点"效果,如图 5.4.18 所示。

项目五 制作网络广告

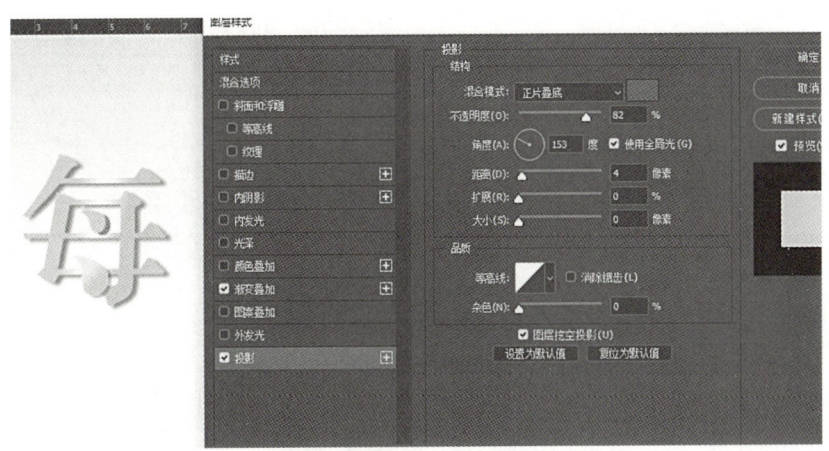

图 5.4.18　第二个"点"效果

步骤十一　插屏广告制作之字体排版

用以上的字体设计方法分别做出"一、瓶、水、都、有、态、度"的效果,并对其排版,如图 5.4.19 所示。

图 5.4.19　制作其他文字效果

步骤十二　插屏广告制作之输出成品

百岁山矿泉水插屏广告图最终效果如图 5.4.20 所示。

113

图 5.4.20 插屏广告图最终效果

思考练习

一、判断题

1. 网络广告文字设计的原则有三种:整体风格统一、笔画的统一、方向的统一。（ ）

2. 在色彩搭配的红色搭配中,在红色中加入少量的白色,会使其性格变得温柔,趋于含蓄、羞涩、娇嫩。（ ）

3. 网络广告时间包括四个方面的内容:网络广告时限、网络广告时序、网络广告时点和网络广告频率。（ ）

二、选择题

1. 旗帜广告的主要形式有按钮广告、（ ）等广告形式。

A. 文本广告　　　　　　　　　　B. 插页广告
C. 电子邮件广告　　　　　　　　D. 电子杂志广告

2. 投放旗帜广告的首选站点是(   )。

A. 搜索引擎　　　　　　　　　　B. 主页
C. 导航台　　　　　　　　　　　D. 最有价值的网站

3. 下面哪一项不是旗帜广告的特点?（   ）

A. 经济性　　　　B. 广泛性　　　　C. 交互性　　　　D. 被动性

4. 下面哪个选项不是横幅广告的优点？（　　）
A. 将用户转到广告商的网站　　　　　　B. 客户被迫浏览横幅
C. 针对目标市场进行内容定制　　　　　D. 总成本低廉
5. 企业在采用网络广告时，可选择的赞助式广告的类型有（　　）。
A. 内容赞助　　　　B. 栏目赞助　　　C. 展品赞助　　　D. 服务赞助

任务拓展

请选择以下 5 个设计任务中的 1～2 个任务，并完成设计制作。
（1）请你为某款化妆品设计制作网络广告；
（2）请你为某款户外运动品牌设计制作网络广告；
（3）请你为某种食品设计制作旗帜式广告；
（4）请你为西藏"域上羚羊"旅行社制作大屏幕广告；
（5）请你为精品车行嘉年华活动制作横幅广告。

项目六 发布网络广告

一、项目简介

网络广告设计制作完成后,接下来最重要的工作是进行网络广告的发布。网络广告在发布前,首先要分析目标受众群体,并根据广告目标受众的特点,选择合适的发布渠道,将网络广告直接指向目标客户,这样可以在较短的时间内取得最好的广告效果,并可以节约广告费用。

二、项目目标

本项目分"分析网络广告受众""网络广告投放渠道""网络广告发布途径"三个任务,了解网络广告受众分析对网络广告发布的重要性;分析国内互联网网民的结构现状;了解网络广告发布的主要渠道和途径。通过对各种信息的分析,有针对性地进行网络广告的发布,以发挥网络广告投放的最佳效果。

三、工作任务

根据以上三个任务的要求,基于工作过程,以任务驱动的方式,完成以下任务目标:

(1) 了解网络广告受众分析对网络广告投放方式和渠道的重要影响。

(2) 了解当前国内互联网网民的结构,分析不同层次网民对网络广告投放的影响。

(3) 分析目前网络广告投放的主要渠道和差异。

(4) 了解网络广告发布的主要途径。

项目六 发布网络广告

任务一　分析网络广告受众

任务描述

华米公司新款"华米 9"手机,准备在新浪、网易、搜狐三家主要新闻门户网站投放为期半年的网络广告。分析网络广告受众群体,了解和分析网络用户的习性、能接受的价格区间,以便针对性地推送网络广告。

任务目标

根据本项目任务的要求,确定以下目标:
(1) 了解网络广告受众与传统广告受众的区别;
(2) 了解网络广告受众的基本信息;
(3) 调查并掌握网络用户上网的目的和对网络广告的看法。

知识准备

知识准备一　网络受众与传统受众的区别

由于网络传播的特殊性,网络广告受众与传统受众在接受信息时有明显的区别。

1. 双向互动

传统的广告传播中,广告信息的传播是单向的,通常是由传播者到受众的一对多单向传播。网络广告传播的交互性,带来了传播方式的多样化,广告信息在传播过程中与受众双向互动,信息流动可以是一对一、一对多,也可以是多对一、多对多等方式。在传播过程中,受众也可以与传播者进行互动。

2. 单一接受到多重选择的权力

在传统的传播活动中,受众只能单一地接受信息,信息的反馈比较困难且周期很长。在网络传播中,由于网络空间的跨时空性,受众可以选择主动接受信息,在接受信息的同时,既可以反馈信息给传播者,也可以传播报道或发布相关信息,还可以作为第三方对信息进行评论。

3. 广告受众由被动变为主动

传统的广告传播活动是单向传播,受众往往是被动地接受广告信息,没有主动选择的权利。而网络传播的双向互动性,使网络用户可以主动地搜索感兴趣的信息,传播者与受众的关系发生了转变,传播者不能强制受众观看,而只能尽力吸引受众主动观看。

由此可见,网络广告受众比传统受众拥有更多的自主权和选择权,可以作为传播者或评论者,对网络传播活动起到推动作用。因此,在网络广告的传播活动中,需要分析目标受众的行为习惯、心理特征,才能更准确地进行网络广告的投放。

知识准备二　网络广告受众结构分析

网络传播的特性,决定目标受众的分析是投放网络广告前的一项非常重要的工作。网络广告受众的分析包括很多方面,了解网民的整体结构特征,可以对目标受众的范围有非常清晰的把握。根据CNNIC(中国互联网信息中心)2018年8月发布的《2018年第42次中国互联网络发展状况统计报告》,目前中国网民的主要指标数据如下:

截至2018年6月,我国网民规模为8.02亿,上半年新增网民2 968万人,较2017年末增加3.8%,互联网普及率达57.7%。

截至2018年6月,我国手机网民规模达7.88亿,上半年新增手机网民3 509万人,较2017年末增加4.7%。网民中使用手机上网人群的占比由2017年的97.5%提升至98.3%,网民手机上网比例继续攀升。

由此可以看出,移动端上网的人数正在快速超过PC端,这在投放网络广告时,必须要重点关注。

1. 性别构成

截至2018年6月,中国网民男女比例为52∶48;2017年末,男女比例为52.6∶47.4,如图6.1.1所示,中国网民性别结构与人口性别结构属性趋同。

图6.1.1　网民性别比例

2. 年龄结构

我国网民以青少年、青年和中年群体为主。截至2018年6月,20—29岁年龄段的网民占比最高,达27.9%;10—19岁、30—39岁群体占比分别为18.2%、24.7%,与2017年末基本保持一致;40—49岁网民群体占比由2017年末的13.2%扩大至15.1%,互联网在中年人群中的渗透逐步加强。如图6.1.2所示是我国网民年龄比例图。

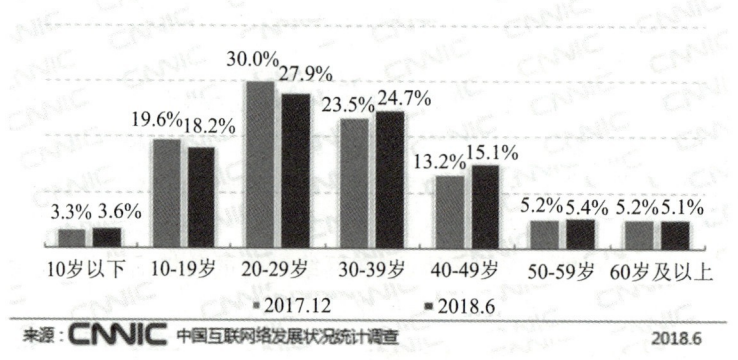

图6.1.2　网民年龄比例

3. 学历结构

我国网民以中等教育水平的群体为主。截至 2018 年 6 月，初中、高中/中专学历的网民占比分别为 37.7% 和 25.1%；大专、大学本科及以上学历的网民占比分别为 10.0% 和 10.6%。图 6.1.3 所示是我国网民学历结构图。

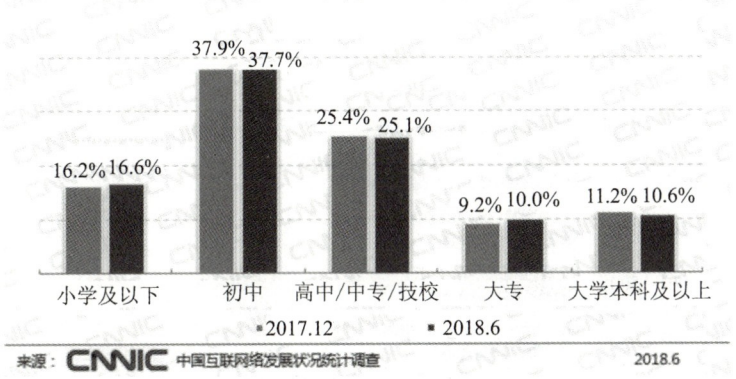

图 6.1.3　网民学历结构

4. 职业结构

截至 2018 年 6 月，中国网民中学生群体最多，占比达 24.8%；其次是个体户/自由职业者，占比为 20.3%；企业/公司的管理人员和一般职员占比共计 12.2%。图 6.1.4 所示是我国网民职业结构图。

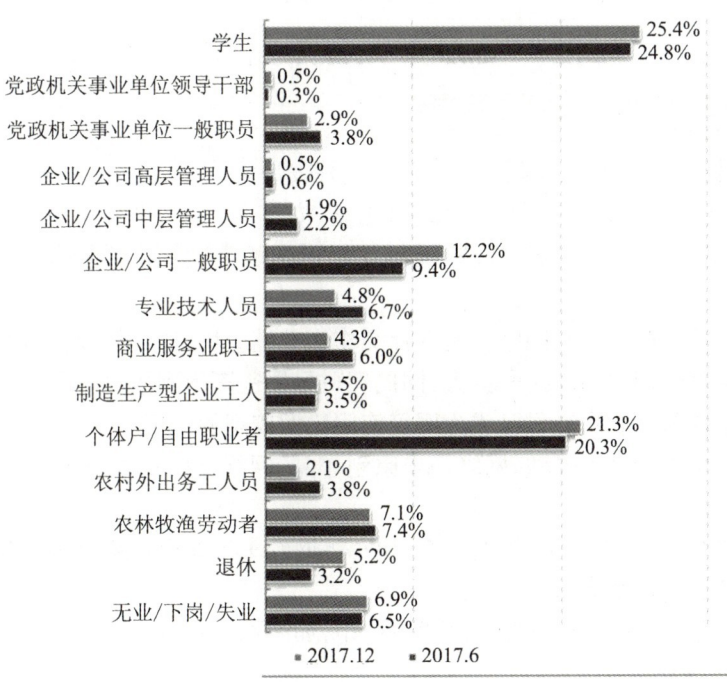

图 6.1.4　中国网民职业结构

5. 收入结构

月收入在 2 000—5 000 元的网民群体占比较高。截至 2018 年 6 月,月收入在 2 001—3 000、3 001—5 000 元的群体占比分别为 15.3% 和 21.5%。2018 年上半年,无收入人群和高收入人群占比有所提升,无收入网民占比较 2017 年末提升 2.7 个百分点,而月收入在 5 000 元以上的网民占比较 2017 年末增长 4.5 个百分点。如图 6.1.5 所示是我国网民收入比例图。

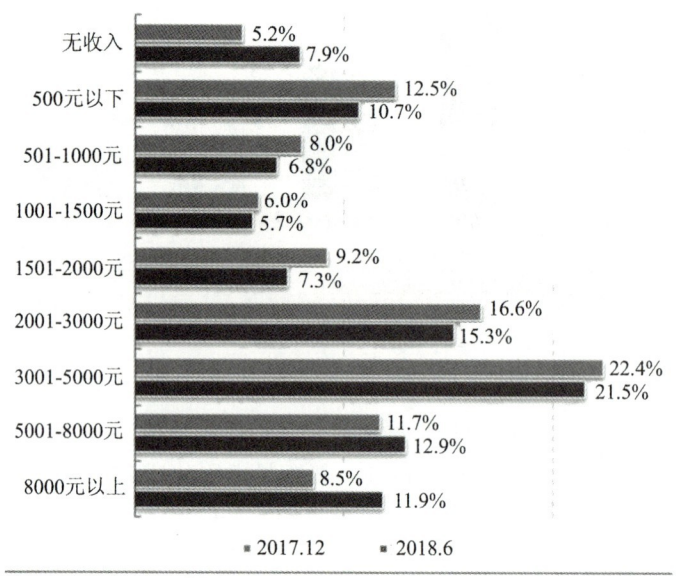

图 6.1.5　网民收入比例

知识准备三　网络用户上网目的调查

2018 年上半年,我国个人互联网应用保持良好发展势头。其中互联网理财用户规模增长显著,半年增长率达 30.9%;网上预约出租车、专车/快车用户规模半年增长率分别为 20.8%、26.5%,仅次于互联网理财;短视频应用迅速崛起,使用率高达 74.1%。主要体现在:

(1) 即时通信、搜索引擎、网络新闻和社交作为基础应用,用户规模保持平稳增长。

(2) 互联网理财用户规模持续扩大,网民理财习惯逐渐得到培养。

(3) 网络购物与互联网支付已成为网民使用比例较高的应用。

(4) 网络娱乐市场需求强烈,网络音乐原创作品、网络文学等蓬勃发展,短视频应用迅速崛起。

(5) 共享单车、预约出租车、预约专车/快车等网约车行业出现跨界融合现象,平台企业围绕出行服务领域进行全面布局。

下面列举了目前中国网民互联网的主要应用,如图 6.1.6 所示。

应用	2017.12 用户规模（万）	2017.12 网民使用率	2018.06 用户规模（万）	2018.06 网民使用率	半年增长率
即时通信	72023	93.3%	75583	94.3%	4.9%
搜索引擎	63956	82.8%	65688	81.9%	2.7%
网络新闻	64689	83.8%	66285	82.7%	2.5%
网络视频	57892	75.0%	60906	76.0%	5.2%
网络音乐	54809	71.0%	55482	69.2%	1.2%
网上支付	53110	68.8%	56893	71.0%	7.1%
网络购物	53332	69.1%	56892	71.0%	6.7%
网络游戏	44161	57.2%	48552	60.6%	9.9%
网上银行	39911	51.7%	41715	52.0%	4.5%
网络文学	37774	48.9%	40595	50.6%	7.5%
旅行预订	37578	48.7%	39285	49.0%	4.5%
电子邮件	28422	36.8%	30556	38.1%	7.5%
互联网理财	12881	16.7%	16855	21.0%	30.9%
微博	31601	40.9%	33741	42.1%	6.8%
地图查询	49247	63.8%	52419	65.4%	6.4%
网上订外卖	34338	44.5%	36387	45.4%	6.0%
在线教育	15518	20.1%	17186	21.4%	10.7%
网约出租车	28651	37.1%	34621	43.2%	20.8%
网约专车或快车	23623	30.6%	29876	37.3%	26.5%
网络直播	42209	54.7%	42503	53.0%	0.7%
共享单车	22078	28.6%	24511	30.6%	11.0%

图 6.1.6　互联网应用使用比率

任务实施

步骤一　分析网络广告受众人群

（1）华米公司新款"华米 9"手机，主要功能特点是前置高像素双摄镜头，在外壳设计上充分运用了多种亮丽色彩，主要销售对象是 18—29 岁的青年男女，这一年龄段也是全体网民中占比最高的年龄段。

（2）在 18—29 这个年龄段中，学生和一般职员、自由职业者的占比最好，这一人群对产品的性价比、功能特别重视，尤其是女性，对自拍效果的要求非常重视，在制作和投放广告时，要特别关注这类人群的需求。

（3）在 18—29 这个年龄段中，多数人还处于事业的起步期，收入相对有限，多数在 2 000—5 000 元之间，这也符合 CNNIC 的调查结果，在制作和投放广告时，要特别强调产品的价格适应性，定价策略要适合目标人群。

（4）在所有互联网应用中，网络新闻的使用率高达 82.7%，在广告投放时，重点考虑在新闻类门户网站投放。

步骤二 确定网络广告投放的目标

(1) 华米公司新款"华米9"手机,根据网络受众群体特质分析,确定网络广告投放的网站为新闻类门户网站搜狐网首页,在 PC 端和 App 端同时投放。

(2) 根据目标人群分析,网络广告在宣传产品价格时,确定在 2 200—2 300 元之间,最能吸引目标群体。

(3) 目标人群对自拍的要求非常高,在网络广告投放时,要重点凸现产品的这个特质。

思考练习

一、填空题

1. 网络广告传播的交互性,带来传播方式的多样化,广告信息在传播过程中与受众双向互动,信息流动可以是_____、_____,也可以是_____、_____等方式进行传播。

2. 传统的广告传播活动是_____,而网络传播的双向互动性使网络用户可以_____信息。

3. 根据 CNNIC 发布的 2018 年统计数据,_____端的上网人数正在超过_____端的人数。

二、问答题

1. 抽样调查 18—20 岁的学生,分析男生和女生对手机类产品网络广告关注的重点分别是什么,并分析产生差别的原因。

2. iPhone 系列手机新品推出时,定价比较高,在网络广告投放方面,重点针对的是什么人群,请用数据进行分析说明。

任务拓展

某化妆品品牌研发了一款新产品,销售对象主要是追求时尚、潮流和新鲜事物的年轻女性。准备推出新产品的网络广告推广活动,时间周期为 30 天。计划从新闻类门户网站和垂直女妆网站中选择一个来做网络广告投放,请你进行分析后选择一个网络进行网络广告投放。备选网站信息如下:

网站:
(1) 搜狐网(www.sohu.com)。
(2) 乐蜂网(www.lefeng.com)。

广告位置和价格:
(1) 搜狐网:搜狐网首页通栏,三个广告轮播;价格 44 万/天。
(2) 乐蜂网:全站所有通栏,包括所有内容页;价格不详,需要和网站具体商谈。

要求:
(1) 进行目标受众分析。分析垂直女妆网站的目标受众群主要是哪类人群。
(2) 网站流量分析。使用 Alexa 工具查询两个网站的流量,了解网站的活跃度,对 PV、UV 数据进行分析。

任务二　网络广告投放渠道

任务描述

华米公司的新款"华米9"手机即将上市,公司准备在网络上投放为期半年的网络广告。请分析网络广告可以投放的渠道,并选择合适的渠道进行投放。

任务目标

根据本项目任务的要求,确定以下目标：
(1) 了解网络广告的投放渠道；
(2) 认识网络广告的投放类型和对应的媒体资源。

知识准备

知识准备一　投放渠道一：直接投放

广告主直接把网络广告投向网络媒体,即为网络广告的直接投放。大多数中小企业在投放网络广告时,都会选择这种方式。直接投放的网络媒体大致有以下三种类型。

1. 门户网站

所谓门户网站,是指提供某类综合性互联网信息资源并提供有关信息服务的网站。门户网站由于信息质量高,访问流量大,有较高的广告价值,其广告位的费用也较高。国内比较典型的门户网站有搜狐、新浪、网易等。

2. 专业垂直网站

这是关注某些特定领域或某种特定需求的网站,提供有关某个领域或某种需求的深度信息和相关服务。专业垂直网站的专业性比较强,且专注于某一领域,因此目标受众集中,适合进行某种特定网络广告的发布。国内比较典型的垂直网站,有汽车类的"汽车之家"、房产类的"房天下"、旅游类的"携程旅行"等,如图6.2.1、6.2.2、6.2.3所示。

图6.2.1　"汽车之家"首页

图 6.2.2 "房天下"首页

图 6.2.3 "携程旅行"首页

3. 搜索引擎

用户通常会主动通过搜索引擎搜索自己需要的信息,其用户黏度较好。搜索引擎主要的推广手段是竞价排名,目标受众容易确定,广告效果也很明显,是网络广告发布比较好的渠道。国内典型的搜索引擎有百度、搜狗、360 搜索,如图 6.2.4、6.2.5、6.2.6 所示。

图 6.2.4 "百度"搜索结果中广告和推广信息

项目六 发布网络广告

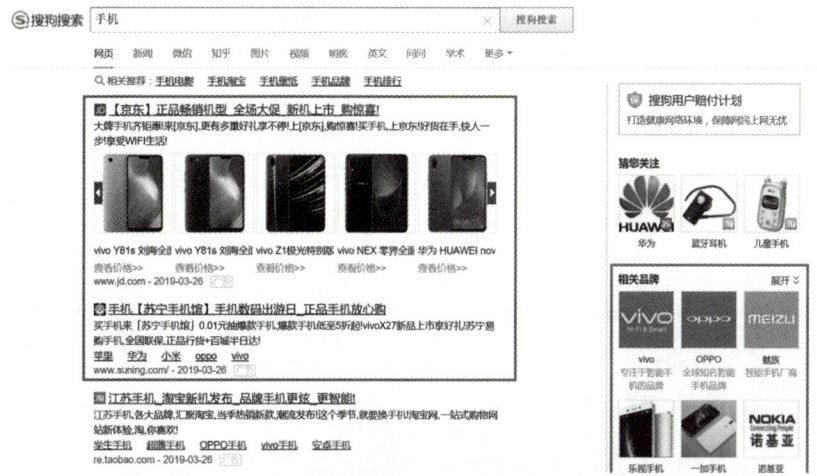

图 6.2.5 "搜狗"搜索结果中广告和推广信息

图 6.2.6 "360 搜索"搜索结果中广告和推广信息

知识准备二 投放渠道二：广告代理商

广告主不直接与网络广告发布的媒体渠道接触,而是委托给有相应资质的广告公司来代理网络广告业务。即广告主委托广告公司实施网络广告宣传推广计划,同样广告发布媒介也通过广告公司承揽网络广告业务。一些大型公司投放广告时,主要通过广告代理商来运作广告业务,本身并不直接参与广告投放。

知识准备三 投放渠道三：网络广告联盟

网络广告联盟是最近几年才出现的第三方网络广告发布平台。通过集合网络媒体资源(门户网站、垂直网站、中小网站、个人网站、WAP 站点等)组成联盟,通过平台帮助广告主实现广告投放,并进行广告投放数据监测统计。网络广告联盟具有很强大的整合能力,包括资源的采购、媒体渠道投放的组合、数量的监测、信息反馈以及网络定向技术,可以针对广告主的需求进行组合投放。

相比网络广告代理而言,通过广告联盟投放广告的广告主多为中小型企业或者是互联

125

网网站，品牌广告主投放的广告费用相对较少，通过广告联盟投放广告能节约营销开支，提高营销质量，同时可节约大量的网络广告销售费用。

根据网络广告联盟的平台性质，可以将网络广告联盟分成以下三种类型。

1. 综合网络广告联盟

聚集中小站点资源，以综合付费形式为依托的广告联盟，既有自身的广告资源也兼营网络广告分销业务，例如，淘宝联盟、亿起发、软告营销等，如图 6.2.7 所示。

图 6.2.7 "亿起发"网站主页

2. 搜索竞价联盟

这是指以搜索引擎应用为核心的广告联盟，联盟的组织者为搜索引擎服务商。搜索联盟是伴随谷歌、百度等搜索引擎网站的发展而成立的，主要以点击付费形式给加盟网站一定比例的分成费用。这类联盟往往是由搜索网站发起成立，例如，谷歌 AdSense、百度联盟、搜狗联盟等，如图 6.2.8 所示。

图 6.2.8 "百度联盟"网站主页

3. 电子商务网络广告联盟

以电子商务广告主为主要对象，付费方式是按销售额付费为主的广告联盟，如易购网、京东联盟等，如图 6.2.9 所示。

图 6.2.9 "京东联盟"网站主页

任务实施

步骤一　确定网络广告投放渠道

华米公司新款"华米 9"手机是公司年度的拳头产品,公司管理层和营销部门非常重视,网络广告预算投入总金额为 9 000 万。经过研究和讨论,在直接投放、广告代理商、网络广告联盟三种方式中,公司决定将"华米 9"手机的网络营销推广事宜,全部委托给业内知名网络广告代理商全面负责。

步骤二　确定投放媒体和方式

为全面推广"华米 9"手机,公司和网络广告代理商签订推广合同时,要求在以下媒体和渠道全面进行广告投放和推广。

(1) 综合门户网站搜狐网,在网站首页和科技产品频道全面投放。
(2) 手机类产品专业垂直网站中流量最大的网站。
(3) 在"百度搜索"网站中投放"华米 9"手机产品推广广告。
(4) 在"百度联盟"和"京东联盟"中投放"华米 9"手机的推广广告。

思考练习

一、填空题

1. 直接投放网络广告的网络媒体一般有三种类型:_____、_____和_____。
2. 根据网络广告联盟的平台性质,可以将网络广告联盟分成三种类型:_____、_____和_____。
3. 搜索引擎主要推广手段是_____,目标受众容易确定,广告效果也很明显。
4. 通过广告联盟投放广告的广告主多为_____或者是_____,广告费用相对较少,能节约营销开支。

二、问答题

1. 网络广告投放的三种渠道分别适合什么类型的企业?
2. 整理"百度搜索"引擎中竞价排名广告的工作方式和优缺点。

任务拓展

选择一个知名网站(门户网站或专业垂直网站),在广告服务中下载广告文件,了解该网站广告的类型、广告制作要求、广告投放位置等信息。

任务三　网络广告发布途径

任务描述

华米公司新款"华米9"手机,准备在网络上投放为期半年的网络广告。请分析网络广告的发布途径,并选择合适的途径进行发布。

任务目标

根据本项目任务的要求,确定以下目标:
(1) 了解网络广告的发布途径;
(2) 了解网络广告的发布途径和传统广告发布途径的差别。

知识准备

知识准备一　利用自建网站发布网络广告

建立自己的企业网站,可以自主地进行企业的产品宣传和推广,并通过一定的创意风格向大众传播企业形象和企业文化,这是企业宣传自己的产品和服务、树立企业形象的良好工具。其他网络广告形式,比如企业黄页、网络论坛、微博等形式,都可能无法直接完整地表达广告内涵信息,通常都通过链接至公司网站的形式,让受众在企业的网站上了解更全面的信息。独具风格的企业网站,通过长期的品牌和产品宣传,使公司的一些专有信息,如公司的地址、名称、标识、电话、传真等,成为公司独有的标志,形成品牌价值。图6.3.1所示是小米公司官网首页。

图 6.3.1　小米官网

知识准备二　利用垂直销售网站发布网络广告

互联网上目前有大量专项产品的销售网站,直接在互联网上进行产品销售。进入这样的垂直销售网站,消费者可以通过搜索自己所需商品的类型、型号、制造商、价格等关键字,快速得到所需要商品的各种细节信息。图6.3.2所示是"乐蜂"网主页。

图6.3.2　化妆品销售网站"乐蜂"网

对某种产品有需求的消费者,可能会优先考虑在这类垂直销售网站购买产品。对此类产品的生产商来说,在这类网站投放产品网络广告,会带来大量有效的流量,产生大量的直接销售。

知识准备三　利用微信发布网络广告

微信是腾讯公司于2011年推出的一款手机App应用程序。微信能实现跨运营商、跨操作系统,快速发送免费文字、图片、语音、视频等功能,同时,也可以使用通过共享流媒体内容的资料和基于位置的社交服务插件。

微信提供公众号、朋友圈、消息推送等功能,用户可以通过添加好友和关注公众号等方式,通过"朋友圈"将看到的精彩内容分享到微信朋友圈。

截止到2018年底,微信与WeChat合并的活跃账户数达10.82亿;月活跃账户数达到6 300多万;消息日发送次数450亿;音视频通话次数达4.1亿次。在出行、零售、餐饮、公共服务领域,2018年每月支付人数都较去年有了较大幅度的增长,从社交到商业,微信已经深入到了我们生活的方方面面。

大规模的用户基数成为微信的巨大资源,微信广告成为伴随着微信迅速发展起来的重要网络形式。微信一对一的交流方式具有良好的互动性,在精准推送信息的同时,更能形成一种朋友关系。用户注册微信后,可以订阅自己需要的信息,商家在提供信息的同时可以推广自己的产品,发布广告信息。"朋友圈"的信息流是广告发布比较好的渠道,大多数用户每天都有查看"朋友圈"的习惯,微信推广也成为一种重要的广告形式。图6.3.3所示是微信"朋友圈"网络广告。

图 6.3.3　微信"朋友圈"网络广告

知识准备四　利用微博发布网络广告

微博是微型博客（MicroBlog）的简称，也是博客的一种。微博是一个基于用户关系信息分享、传播以及获取的平台，用户即时更新简短文本（限 140 字），并实现即时发布的微型博客形式。

微博目前有 4.31 亿月活跃用户、1.9 亿日活跃用户，能带来更高效的广告传播效果。基于微博海量的用户，企业可以把营销信息广泛传递给粉丝和潜在粉丝。它会根据用户属性和社交关系将信息精准地投放给目标人群。

利用微博发布广告有多种形式。可以直接在微博网站发布网幅广告；也可以由专业写手，在微博上发布和企业产品相关的专业评论，以宣传企业产品；可以建立企业或行业专题，利用微博平台的功能，发布企业相关信息、产品推广等内容；可以利用人气博主的个人品牌价值，在其微博上投放广告，并支付广告费用给博主。图 6.3.4 所示是一则微博网络广告。

图 6.3.4　微博启动页网络广告

知识准备五　利用手机 App 发布网络广告

App 广告，是指利用移动终端设备（手机、平板电脑等）中安装的第三方应用程序发布的广告，是移动广告的一种。手机 App 广告是依托手机中的应用程序来进行传播的广告形式，其控制权主要在手机 App 的开发者手中，开发者可以在手机程序中将广告内容写到手机程序中。

随着移动互联网和智能移动设备的发展,人们的上网习惯已经由使用 PC 端,迅速地转移到使用更方便快捷的移动端。手机 App 应用的数量也以几何级数的速度上升,广告主们也看到了移动端庞大的网民群体,开始将网络广告向移动端倾斜。网络广告投放的 App 能否获得更多的用户下载和注册使用,是 App 网络广告能否成功的重要因素。图 6.3.5 所示是"今日头条"App 广告页网。

图 6.3.5 "今日头条"App 中嵌入的网络广告

知识准备六 利用 ICP 服务商发布网络广告

ICP 服务商提供最大的互联网免费信息服务,包括新闻、评论、生活、财经、育儿、科技等内容,通常叫门户网站。这些网站的访问量大,是网上最吸引人的站点,例如,新浪、搜狐、网易等。这些门户网站是网络广告发布的主要阵地。

对于这些综合性的门户网站来讲,其知名度高、规模大、网站内容丰富、可靠性高,网络广告投放的价值极大。在选择广告位时,不宜盲目地选择网站首页,考虑到产品特色与内容特色相匹配,应选择合适的位置投放。

知识准备七 利用黄页发布网络广告

在互联网上,有一些专门以查询检索服务为主的网站,如中国黄页网、企业黄页等。这些网站如同电话黄页,按类别划分,便于用户进行站点的查询。这类黄页网站,在其页面上,除了分类,还会留出一定的位置给企业投放网络广告。

在这些网站投放网络广告,以关键字进行检索,针对性强,广告处于网页的核心位置,比较醒目,容易为用户所关注。图 6.3.6 所示是"中国黄页网"首页。

图 6.3.6 "中国黄页网"首页

知识准备八 利用网络报纸杂志发布网络广告

随着互联网的发展,人们越来越习惯于在网上查看新闻、资讯等信息。新闻报刊行业也将重心向互联网转移,传统的纸质媒体开始向网络媒体转移。如《人民日报》《文汇报》《参考消息》等,都在互联网上建立了自己的网站,这使得观看新闻、资讯变得越来越方便,访问量也在不断攀升。网络报纸和网络杂志中文字、图片、视频、音频可以共存,同时加入了互动性,是一种全新的阅读体验。

网络报纸和网络杂志如同纸质报纸与杂志一样,逐渐成为人们生活中的必需品,在这些网络媒体上发布网络广告也是一个非常好的渠道。

任务实施

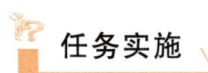

步骤一 确定网络广告投放途径

华米公司新款"华米9"手机是公司年度重点推广产品。通过市场调研后,公司决定通过以下四条途径发布"华米9"手机的网络广告。

(1)在公司自有官方商城"华米商城"首页,投放"华米9"手机的横幅广告。

(2)在综合门户服务网站(ICP)搜狐网的首页和科技产品频道全面投放"华米9"手机的网络广告。

(3)在公司官方微信公众号上投放"华米9"手机新品的推广广告。

(4)"今日头条"作为目前移动应用市场最具影响力的新闻 App 之一,注册用户数突破6亿,日活跃用户数量高达6 000万之多,流量巨大,是非常有效的新品推广平台。公司决定在"今日头条"App 中,也投放"华米9"手机新品的推广广告。

步骤二 分析网络广告与传统广告的差别

广告行业是中国经济发展过程中很重要的一步。刺激消费、拉动内需,广告是非常重要的手段。网络广告,以其独特的方式吸引了大家的关注。那么网络广告与传统广告有哪些差别呢？

1. 内容

传统广告内容受限于播出时间和版面，寻求在短时间内抓住产品的重点。而网络广告可以借助放置链接或者二维码等方式轻松打破传统广告的局限性。广告主可以为产品附上大量的文字说明、图片甚至视频，而完全无须考虑"惜字如金"。这对传统广告而言是难以想象的。

2. 互动性

广告受众感兴趣的产品，可以借助电子邮件等多种方式和厂商取得联系并获得详细资料。这种使用体验，符合快节奏的现代生活需求。企业可以对广告受众的大数据进行分析，了解广告投放的效果，及时更新广告创意。

3. 关注度

大部分传统广告因其投放方式的局限，使得其获得的关注度极低。根据抽样数据分析，55%的网络用户在使用计算机时不会同时做其他事情，用户关注度在互联网的背景下是一种稀缺资源，是可以从中挖掘到宝藏的。

4. 发布

传统广告的发布主要是通过广告代理实现的，企业委托广告公司实施广告计划，广告媒介通过广告公司来承揽广告业务。这其中的沟通环节是否顺畅，成本是否能够得到有效的控制，企业无法精准把控。而在网络上发布网络广告对企业来说有更大的自主权，既可以选择自行发布，也可以通过广告代理发布，成本更加容易掌控。

5. 购买力

网络广告的目标群体是文化水准、职业层次都相对较高的群体，是整个市场里耐用消费品、不动产、旅游产品、精神消费品等商品的主要顾客群体。

思考练习

一、填空题

1. 建立自己的企业网站，进行企业的产品宣传和推广，并通过一定的创意风格向大众传播企业形象和企业文化，是企业宣传自己的_____和_____、树立_____的良好工具。

2. 很多微信用户每天都有查看"朋友圈"的习惯，"朋友圈"的信息流也是_____比较好的渠道。

3. 利用微博发布广告有多种形式。可以直接在_____发布网幅广告；也可以由专业写手，在微博上发布和企业产品相关的_____。

4. _____和_____上文字、图片、视频、音频可以共存，同时加入了及时互动形式，是一种全新的阅读体验，同时也是网络广告投放的有效渠道。

5. App 广告，是指利用移动终端设备_____、_____等中安装的第三方应用程序发布广告，是移动广告的一种。

二、问答题

1. 利用微信和微博投放广告，主要有哪些方式？

2. 利用自有网站发布网络广告的优缺点分别是什么？

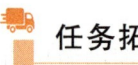

进入戴尔公司的网站（www.dell.com.cn），了解并完成以下内容：
（1）企业网站的栏目设置情况和网页层次；
（2）产品分类情况，产品说明部分的内容；
（3）除产品信息外，网站发布的其他信息有哪些？
（4）进行会员注册；
（5）是否支持在线支付，在本地可以使用的银行卡种类；
（6）网站提供给顾客的购货渠道。

网络广告投入预算与效果评估

一、项目简介

网络广告作为企业正常生产经营的重要组成部分,必须纳入企业的整体经营活动中,进行成本预算与效益分析,以方便企业对整体的广告计划(包括平面广告和网络广告)的效果进行评估。企业发布网络广告的目的是销售产品,网络广告的效果直接影响到网络广告的目标实现,通过效果评估,可以为企业今后的网络广告投放活动提供参考数据。

二、项目目标

本项目通过"网络广告投入预算"和"网络广告效果评估"两个任务,根据广告活动预估广告预算,力求花最少的钱收到足够高的效益。网络广告效果评估结果,是衡量广告活动成功与否的标尺,也是实施网络广告策略的基本依据。对企业今后的广告活动,起着重要的指导作用。

三、工作任务

根据以上两个任务的要求,基于实践工作过程,以任务驱动的方式,完成以下任务目标:

(1) 了解网络广告预算的含义和网络广告的计价方式。

(2) 了解网络广告预算的分类和方法,能够制作简单的网络广告预算投入方案。

(3) 认识网络广告效果评估的基本原则,掌握网络广告效果评估的标准和方式。

任务一 网络广告投入预算

任务描述

华米公司新款"华米9"手机,准备在新浪、网易、搜狐等三家主要新闻门户网站中挑选一家,投放为期半年的网络广告。

请选择一家合适的门户网站,编制一份简单的网络广告投入预算方案。

任务目标

根据本项目任务的要求,确定以下目标:
(1) 知晓网络广告预算的含义;
(2) 知晓网络广告的计价方法;
(3) 能制作简单的网络广告预算书。

知识准备

知识准备一 网络广告预算的含义

网络广告预算是企业在网络上投放广告计划的活动费用预算,也是企业网络广告投放的资金使用计划。这个预算规定了在广告计划期内,投放网络广告需要的经费总额、使用范围和使用方法,以保证企业网络广告活动能顺利进行。

1. 网络广告预算的意义

(1) 为广告投放者提供控制网络广告活动的手段。企业总是希望自己的网络广告投放活动能按自己的意愿去进行。通过预算,广告投放者可以对费用多少、如何分配、达到什么效果等,做出系统的规定,从而有效地对整个广告投放活动进行管理和监控。

(2) 保证有计划地使用广告经费。制定网络广告预算的目的,在于合理地、有计划地使用广告经费,使有限的经费能够满足计划期内营销活动对网络广告的需要。预算对每一项活动、每一段时间应投入多少经费都做了合理安排,并有比例地留出弹性经费以应付突发事件,这就保证了网络广告经费有计划和合理的支出。

(3) 为评价网络广告投放效果提供精准的经济指标。评价网络广告效果,主要标准是整个广告投放活动在多大程度上实现了网络广告目标的要求。网络广告预算,对广告费用的每项支出都做了明确的安排,这就为比较每项广告活动投入费用和所取得的效果,提供了对比依据,能更科学地评价网络广告活动的真实效果。

(4) 广告投入费用的规模决定广告活动的范围和深度。成本制约是任何一项商业活动都无法摆脱的规律,网络广告同样如此。有多大的投入才能有多大的活动规模,活动规模也通常为成本预算提供依据。在实践工作中,网络广告主一般根据广告的投放规模来进行广告预算,计算广告投放的经费总额。

2. 网络广告预算的内容

网络广告预算的内容主要包括直接费用和间接费用两种。

(1) 直接费用。

直接费用是直接用于网络广告整体活动的费用。主要包括：

广告传播费用。网络广告在网络媒体渠道投放时所需要的费用，是广告费用的主体。

广告设计制作费用。网络广告投放前，需要请专业的设计人员进行制作。广告主通常会委托广告公司、设计制作公司等进行广告的设计和制作，并支付相应的费用。

广告调查研究费。包括广告活动前期的调研、咨询费用以及投放广告后的效果监测所需要的费用。

(2) 间接费用。

间接费用主要包括广告管理费及相关杂费，如广告管理部门工作人员的工资、办公费、差旅费、办公设备费等。

知识准备二 网络广告的计价

1. 网络广告的计价指标

网络广告如何计费，就目前来说，还没有一个很好的统一标准。一般来说，现在通用的计算网络广告费用的主要指标有以下几种。

(1) 点击数(Hits)。通常网页上的某个链接或某个文件被访问一次称为一次点击，点击数是链接和文件被点击次数的总和。用点击数来衡量网站的吸引力是不准确的。因为同一个浏览者，可以在一次访问中多次浏览同一个页面，因此网站主页的点击数，并不等同于真正访问它的实际人数。

(2) 访问次数(Visits)。指在某一个连续的时间段中，一个用户对网站的访问次数(用户可能浏览主页及其他页面，也可能在浏览其他页面时返回主页，但访问次数仍是1)。访问次数不会像点击数那样重复累加，能较为客观地反映网站受欢迎程度。通常，访问次数统计能表示每天(或单位时间内)进入网站的用户总数。用户完成一次访问后，隔了一段时间后再次访问，此时访问次数会累计，这种情况下会导致不能准确地测试广告效果。

(3) 印象(Impression)。如果用户点击并观看了广告，就可以认为是创建了一个印象，印象对创建品牌意识和品牌辨识具有很大的价值。这种印象不一定都能起到正向作用，如果该用户对广告不感兴趣，就不会沿着广告提供的链接去深入了解有关信息，企业投入的广告也就没有达到想要达到的目的。

(4) 回应单击(Click-Through)。指访问者单击广告上的某个链接或按钮，进一步了解广告有关信息的行为。一个广告有了回应单击，说明这则广告已对这位访问者产生了一定的作用。统计表明，回应率(回应单击数除以印象数)通常介于1%~4%。

2. 网络广告的计价方式

网络广告与传统广告在计价方式上有很大的区别，下面分别介绍目前最常用的网络广告的计价方式。

(1) CPC(Cost Per Click)。即每点击成本，是以每点击一次广告进行计费。CPC广告是网络中最常见的一种广告形式，用户的每一次点击，就会为企业带来真实的流量或是潜在的消费者，这样的方法加上点击率，可以增加作弊的难度，是宣传网站的最佳方式。典型的

CPC 计费的模式,是搜索引擎的竞价排名,如谷歌、百度、360、搜狗等搜索引擎的竞价排名。当用户通过关键字得到搜索列表后,只观看广告是不付费给网站的,只有当用户点击竞价排名广告,才计算相应费用。

(2) CPM (Cost Per Mille)。即千人广告成本,或者叫千人展现成本,指网络广告每产生 1 000 个广告印象数的费用。印象可以理解为网络广告每在页面中展示一次,就是一次印象,千人成本,即展示 1 000 次的费用。按 CPM 计费,既可以保证用户的付费和浏览人数直接挂钩,还可以鼓励网站尽量提高自己网页的浏览人数,提升人气。在网络广告中,视频贴片、门户 Banner 等非常优质的广告位通常采用 CPM 计费模式。

(3) CPA (Cost Per Action)。每行动成本,指每发生一次广告点击行为时进行付费的计价方式。广告主为规避广告费用风险,只有当网络用户点击广告,链接到网络广告主网页后,才按点击次数付费给广告站点。或者当广告商发起网络宣传活动吸引消费者参与时,最后以实际回应的有效问卷或订单来计费,而不限制广告的投放量。CPA 计费方式风险较大,但 CPA 的单价也相应较高。采用 CPA 方式计费的广告,如果广告投放成功,其收益也相应较高。

例如,当我们在某个站点下载资源时,会提示需要下载一个下载软件,才能继续下载,这就是一个 CPA 广告。当用户下载了相应下载软件后,该站点就获得了一个 CPA 广告的收入。

(4) CPS(Cost Per Sales)。按销售付费(或按销售分成),是一种以实际销售产品数量,计算广告费用的广告。这种广告适合购物类、导购类、网址导航类的网站,需要精准的流量才能带来转化。CPS 模式使得网络媒体需要承担更多的责任,既要对广告主负责,也要对消费者负责。如卓越网站联盟、当当网站联盟、淘宝客等,都是这种广告形式的典型代表。

(5) 按天或按月收费方式。很多网站是按照"包天"或"包月""包季"等这种固定收费模式来收费。这种收费方式非常简单,不管效果好坏,不管访问量有多少,一律一口价,客户和网站都容易确定自己的权利和义务。因为计费简单,这种方式逐渐成为网络广告计费的主要形式。广告价格的差别,主要是网站的知名度和流量。这种计费方式的缺点是广告客户比较难以了解网络广告投放后的实际效果。

以上 5 种主要计费方式中,CPM 和按天或按月收费方式对广告投放网站有利,而 CPC、CPA、CPS 等则对广告主有利。

3. 百度搜索推广计价方式:CPC

(1) CPC 计价模式,即竞价推广排名完全按照能给企业带来的潜在用户的访问数量计费,没有客户点击则不收费。企业可以灵活控制推广力度和资金投入,使投资回报率最高。

企业可以设置需要的关键词,每次按点击的收费起步价计价每个关键词。如果多家企业同时竞买一个关键字,则搜索结果按照每次点击竞价的高低来排序。

每个广告投放用户提交的关键词数量不限制,无论提交多少关键词,均按网站的实际被点击量计费。

(2) 点击价格的计算方法。对于百度的竞价推广,一般点击价格取决于该企业和其他企业的排名、出价和质量度,最高不会超过该企业为关键词所设定的出价,具体每次点击价格的计算公式为:

$$每次点击价格 = \frac{下一位出价 \times 下一位关键词质量度}{当前关键词质量度} + 0.01 元$$

如果该企业的关键词排在所有推广结果的最后一位,或是唯一的可以展现的推广结果,在这种情况下,点击价格为该关键词的最低展现价格。通常来说,质量度越高,关键词的最低展现价格就越低。

知识准备三　网络广告预算的关键问题

广告预算是将广告的投入进行合理配置的过程。一般包括投放广告网站的选择、广告形式与内容的确定、广告预算费用的合理分摊以及与网站的合作与协调等。

1. 网络广告站点的选择

投放网站的选择对网络广告预算来说是首先要确定的因素。一个合适的网站是网络广告成功的基础。衡量一个网站是否适合投放广告,主要有以下几种因素:

（1）网站的质量与技术力量以及网站的信誉度。任何一个企业在从事网络广告时,都希望找到一个安全可靠的网站。否则,广告网站的破产倒闭也会殃及自己,不仅浪费了广告费,而且有可能延误商机。

（2）访问者的性质及数量。网站的访问者一般与网站的特色相关,除了职业、年龄、收入等因素外,地域色彩以及消费偏好也影响广告预算。目前,国际上较常用的统计单位是印象,它与页面显示是同一个概念。

（3）点击数。页面的每一个链接点都产生点击。对网站访问者进行统计时,明确其统计单位才能准确反映一个网站的实际情况。

（4）网站管理水平的考察。一个优秀的网站可能会因为管理层的变更而导致衰落,如果某个网站的点击数在短时间内有大幅下降,及时查明其原因是非常必要的。网站管理者不能擅自更改企业的广告位置、大小或播放时间,这是严重违反合同的行为,为避免这种情况的发生,就需先对网站进行考察,签订必要的合同。

2. 广告主题与表现方式的确定

在任何广告预算中,都要考虑到广告的主题与表现方式的问题。从预算的角度来讲,主题与表现方式的选择是关键的环节。在预算阶段对主题及表现方式的确定,是在广泛信息整合的基础上,考虑到费用分摊、效果与成本等关系而做出的比较和最终确定。广告站点或广告制作者会根据供应商提供的产品特点,制作出可供选择的几则广告,提供给供应商进行选择。在国内,将不同的广告在不同时间或同一时间分别播出,选择点击率高的为最终产品。

不同的主题与表现方式,对广告的投入要求是不同的。作为网络广告,核心任务是吸引网民的"眼球"。在互联网中,信息的容量极其庞大,如何抓住网民的注意力是广告的首要任务,也是广告预算中最重要的投入环节。

3. 预算费用的合理分摊

网络广告最棘手的问题就是如何最有效地花钱,即以合理的成本与广告费用达到最好的广告效果。网络广告的投入并不是无底洞,广告费用的多少不应该基于投入数目的大小,而要从企业整个市场营销的角度入手,和企业长远的发展战略联系起来。产品本身的特点、消费者的数量、利润的数额与比例、潜在顾客群的数量以及竞争对手的能力等因素都会影响广告预算的费用。只要对这些费用进行总体把握,关键环节多投入,合理分摊,那么广告费用的投入就是合理的。

4. 网络广告预算对网站的要求

网络广告的具体内容要在用户点击之后"链接"到广告主的网页上,这就要求网站速度

要快,网站的运转要稳定。对广告主来说,在进行广告预算时应考虑这么几点:一是对链接页面计数,页面数量的多少除影响反应速度外,还说明网站的技术水准。二是对不同网站进行比较,比较的结果有助于选择合适的网站进行投放广告。三是网站页面尤其是主页的设计,也是考虑的重要因素,如果网民访问的是一个粗劣的页面,这会影响其浏览的兴趣。

网站除了提供应有的手段配合广告传播外,还应该和广告主进行定期商讨,探讨广告进一步优化的行为途径。一方面,网络广告既是企业主或供应商传播其产品的工具,也是网站内容的组成部分之一,供应商与网站的合作能使双方都获利;另一方面,将广告与网页的内容相联系,把相关产品广告投放到相应主题的网站上,既保证了广告内容与页面内容的自然结合,又能大大提高广告的访问量。

任务实施

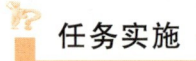

步骤一　网络广告媒体:网站选择

(1) 综合网站的信誉、访问者的性质和数量、网站点击率、广告面向的目标群体等多方面的因素考虑。

以新浪、搜狐和网易三大门户网站为例,2018年第二季度,新浪、搜狐和网易的市值分别为51.1、8.83、286.6亿美元,网易以286.6亿美元市值的绝对实力遥遥领先其他两家公司,其市值是新浪的5.5倍,更是搜狐的32倍。在营收方面,网易2018年第二季度凭借25亿美元的营收傲视群雄,搜狐则以4.9亿美元的营收垫底。

总体来说,这三家门户网站,都在游戏、视频、音乐、电商等方面来打造内容,全方位地吸引流量和广告主,单纯的新闻资讯早已不够承载和吸引巨额流量,各大网站面对新形势都在不断调整战术。网易和搜狐都在全力开发游戏资源,新浪则重点打造微博。对于新浪和搜狐来说,广告依然为这两家贡献了最大的创收份额。

三大门户网站业务构成,如图7.1.1所示。

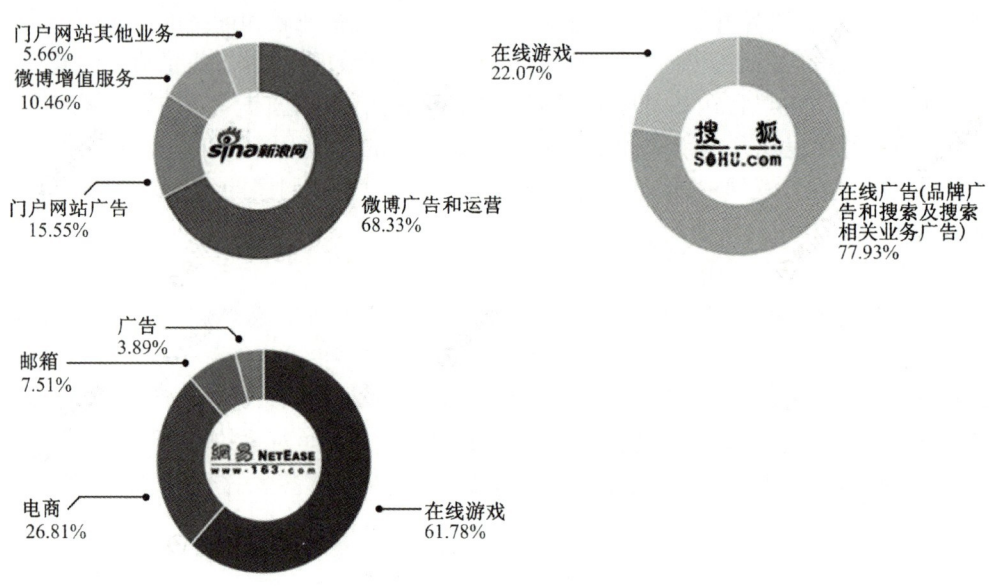

图 7.1.1　三大门户网站业务构成

(2) 综合考虑三个网站的各种因素后,确定选择"搜狐"网站进行网络广告投放。

步骤二　获取广告投放报价

(1) 打开搜狐首页。在首页最下方,点击"广告服务",如图7.1.2所示。

图7.1.2　搜狐首页"广告服务"入口

(2) 点击"广告服务"后,进入"搜狐营销中心"界面,左侧有"联系销售""广告报价""报价下载"三项内容,如图7.1.3所示。

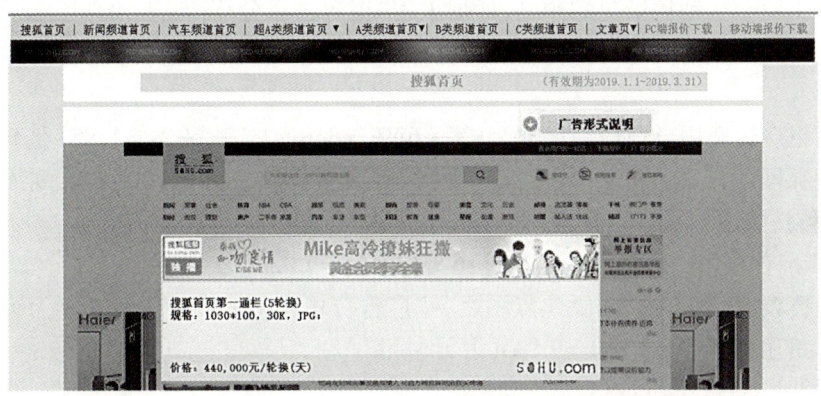

图7.1.3　搜狐网广告报价

点击"广告报价",在新窗口中会出现包含搜狐首页等各频道广告投放的要求和价格,指向任一频道首页,都会弹出该频道广告的规格和报价以及特殊的要求,如图7.1.4所示。

图7.1.4　搜狐首页第一通栏报价

根据网络广告推广计划,准备在搜狐首页第一通栏投放"华米9"手机的广告,报价是每天440 000元。

同理,点击"A类频道首页"—"科技频道首页",我们看到,"首页焦点图之一"报价是每天70 000元,如图7.1.5所示。

图 7.1.5　科技频道"首页焦点图之一"报价

（3）除了用以上直观方式了解各部位广告报价外,也可以点击"报价下载",将文件保存到本地后,查阅详细报价信息。

（4）在详细了解搜狐网广告报价之后,针对要发布的"华米 9"手机新品,通过研究上一年度的销售额、销售周期和竞争产品的情况,发现手机类产品的市场竞争是非常激烈的,该产品的上代产品"华米 8",2018 年全年销售约 1 500 万台,单台价格约 2 200 元。对市场充分研究后,预计"华米 9"价格和销售量和"华米 8"大体相当,则销售额预计在 330 亿左右。

步骤三　预算网络广告费用

（1）根据对全年销售情况的预测,计划采用"销售额百分率"法来预算广告费总额。以预计销售额的 1% 作为"华米 9"的总推广费,其中网络广告费占 60%,网络广告总预算费用是:

网络广告费用 = 预计销售额 × 1% × 60% = 330 × 1% × 60% = 1.98（亿）。

（2）搜狐网各首页的网络广告,都采用"按天或按月收费方式",广告计划投放在搜狐网首页和"科技频道"首页,则投放 6 个月广告的总费用是:

① 搜狐网首页第一通栏广告费总计:6 × 30 × 44 = 7 920（万元）;
② "科技频道"首页的"首页焦点图之一"广告费总计:6 × 30 × 7 = 1 260（万元）。
两项总费用:7 920 + 1 260 = 9 180（万元）。

步骤四　编制网络广告预算方案

（1）根据前面三个步骤,确定六个月中广告经费的具体分配。根据搜狐网广告投放的要求和市场状况,将网络广告费用预算落实到每一个具体的活动细节。

（2）对一定比例的机动支出做出预算。如在什么情况发生后可以投入机动开支,机动开支的大小、如何评价效果等。

（3）广告投入后过程的监控和调整。在广告播出过程中,随时进行监督和反馈,按反馈结果,对预算进行修改。

（4）编制简单的网络广告预算方案。如以下样例:

广告预算委托单位:华米通信设备有限公司　　　负责人:李米

广告预算编制单位：飞扬广告有限公司　　　　负责人：李飞
广告预算项目："华米9"手机网络广告
广告预算期限：2019.1—2019.6
预算编制时间：2018.12.20
广告预算编号：FY20190001

序号	内容	说　明	预算/月	月数	总费用
1	市场调查	人员、问卷、分析	2万	3	6万元
2	广告制作	广告设计制作	5万	3	15万元
3	搜索引擎推广	百度、360、搜狗搜索引擎关键字排名	50万	6	300万
4	微博营销	开设产品官方微博进行推广营销	5万	6	30万
5	新闻传播	利用有价值的新闻事件或组织相关产品活动吸引公众关注	100万	6	60万
6	广告投放1	在搜狐网首页投入第一通栏广告	1 320万	6	7 920万
7	广告投放2	在搜狐网"科技频道"首页的"首页焦点图之一"投放广告	210万	6	1 260万
8	机动费用	根据广告推广效果机动使用			300万
9	合计				9 891万

思考练习

一、填空题

1. 广告投入费用的规模决定广告活动的_____和_____。
2. 网络广告预算费用，一般包括_____和_____两部分。
3. 网络广告费用的计价指标，目前常用的有_____、_____、_____和_____等四种。
4. CPC 是英文短语_____的缩写，即_____，是以每点击一次广告进行计费。
5. 投放网络广告时选择合适的网站非常关键，投放广告网站的_____、_____和_____，是我们首先要考查的问题。

二、选择题

1. 谷歌、百度、搜狗等搜索引擎的网络广告计价方式，主要采用的是以下哪种方式？（　　）
　　A. CPA　　　　　　B. CPM　　　　　　C. CPC　　　　　　D. CPS
2. 搜狐网的主要营收来源是（　　）。
　　A. 在线游戏　　　　B. 在线音乐　　　　C. 网络广告　　　　D. 在线视频

三、问答题

1. 网络广告的计价标准主要有哪些？
2. 如何选择合适的网站进行网络广告投放？

任务拓展

绿源食品有限公司新研发一款饮料,准备在今年 5 月份投入市场,计划从 5 月至 10 月在主要新闻门户网站中挑选一家投放网络广告,投放期为 6 个月。

(1)发布在网站上的广告,要求一个月内的曝光次数要超过 50 万,需要采用什么计价方式?

(2)通过门户网站对比,哪些广告位的计价方式符合需求,哪个网站的价格更有优势?

(3)如果要达到广告的需求,6 个月的广告投放大约需要多少费用?

任务二 网络广告效果评估

任务描述

华米公司新款"华米 9"手机,在搜狐网投放了半年网络广告,对该广告投放效果进行测评。

任务目标

根据本项目任务的要求,确定以下目标:
(1)了解网络广告效果测评的原则;
(2)知晓网络广告效果评估的标准;
(3)学会网络广告效果测评的方法。

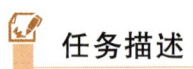

知识准备

知识准备一 网络广告效果评估的原则

评估网络广告投放效果,一般要遵循以下原则。

(1)相关性原则。要求网络广告的投放效果评估内容,必须与广告主所追求的目标一致。如果网络广告的目的在于推出新产品或改款产品,那广告评估的内容,主要针对广告受众对品牌的印象;如果网络广告的目的,是在已有市场份额的基础上扩大销量,则应将评估的内容重点放在广告受众的购买行为上。

(2)有效性原则。效果评估必须要达到测定广告效果的目的,要以具体的、准确的数据,而不是空泛的、虚假的数据来评估广告的效果。我国目前还没有形成规范的网络广告市场,有些网络广告商为了争取利益,用虚假的手段制作高点击率等统计数据,造成广告效果很好的假象。因此要采用多样化的评估方法,多方面综合考察,使得效果评估的结论更加真实、准确。

(3)可靠性原则。网络广告的效果,需要通过多种手段、多种角度进行监测,测评广告效果应该有连贯性,以证明其真实可靠。如果多次测定的结果是相同的,则说明结果可靠性较高;否则说明测定结果可能存在问题。

(4)综合性原则。在评估广告效果时,需要综合衡量各种因素。包括广告媒体、广告预算、播出时间、播出频次等;另外还要考虑一些不可控因素,如国家的宏观政治因素,目标市场的文化水平、风俗习惯等。

(5)经济性原则。进行广告效果评估时,需要考虑广告主的经济实力,充分利用有限的资源,做出最有效的评估。

知识准备二 网络广告效果评估的标准

网络广告的目标是促成消费者购买产品,广告的作用是缓慢而持续的,其效果并不仅仅表现在销售量的提升。衡量一个广告的好坏也不能从单一的指标得出结论,应从传播效果、经济效果以及社会效果几个方面综合衡量。

1. 网络广告传播效果评估的内容及指标

网络广告传播效果测评可以了解广告活动的有效性,了解有多少人真正准确地接收到广告所传达的信息。

(1)广告传播效果测定的内容。

广告传播效果测定的内容主要是广告本身的设计效果,包括广告标题、图片、文稿内容、版面设计、显示技术等效果,以及网络广告的吸引力、主题表达的准确性、文案叙述的清晰性等观念性测定。此外,评估的标准还包括广告本身以外的传播媒体、时间安排等。

与传统广告相比,网络广告在传播渠道上发生了巨大变化,广告的表现方式也不相同,但广告基本的"AIDA 公式"仍是值得遵从的法则。"AIDA 公式"是指从消费者接触广告开始,一直到完成某种消费的几个行为动作,即注意、兴趣、欲望、行动。广告主可以依据不同的广告目的,用"AIDA 公式"来检验网络广告的效果。"AIDA"的每一个阶段都可以作为网络广告传播效果评估的内容,其评估指标的对应关系如表 7.2.1 所示。

表 7.2.1 网络广告传播效果评估内容与评估指标对应关系

评估内容	评估指标	测评数据来源
注意(Attention)	广告曝光次数(Advertising Impression)	媒体网站
兴趣(Interest)	点击次数与点击率(Click& Click Through Rate)	媒体网站
欲望(Desire)	网页浏览次数(Page View)	广告主网站
行动(Action)	转化次数与转化率(Conversion & Conversion Rate)	广告主网站

(2)广告传播效果评估的指标。

① 曝光次数。是指网络广告所在的网页被访问的次数,这一数字通常用 Counter(计数器)来进行统计。如果网络广告发布在网页的固定位置,那么在发布期间获得的曝光次数越多,表示该广告被看到的次数越多,获得的注意力就越多。但是广告曝光次数并不等于实际被浏览的人数,得到一个广告曝光次数,并不等于得到一个广告受众的注意。

② 点击次数与点击率。网民通过点击网络广告访问广告主页的次数称为点击次数。点击次数可以客观准确地反映广告效果,点击次数除以曝光次数,就可得到点击率(CTR),

这项指标可以用来评估网络广告效果,是网络广告吸引力的一个重要指标。如果发布网络广告的网页,曝光次数是1 000,而网页上此广告的点击次数为300,那么点击率是30%。广告点击次数是统计CPC付费的基础。点击率是网络广告最基本的评价指标,也是反映网络广告效果最直接、最有说服力的量化指标。

③ 网页浏览次数。当网民点击网络广告之后,进入了介绍产品信息的主页或者广告主的网站,网民对该网页的一次浏览阅读称为一次网页浏览数。网页浏览次数通常是指在一定时间范围内,用户对广告主网站浏览次数的总和。这个指标也可以用来衡量网络广告效果,它从侧面反映了网络广告的吸引力。

④ 转化次数与转化率。网络广告的最终目的是促进产品的销售,而点击次数与点击率指标并不能真正反映网络广告对产品销售情况的影响,因此需要引入转化次数和转化率的指标。转化次数就是受网络广告影响所产生的购买、注册或信息需求行为的次数,而转化次数除以广告曝光次数,即得到转化率。转化次数与转化率,可以反映那些浏览网页而没有点击网络广告所产生的效果。

注意 点击率与转化率并不存在明显的线性关系,转化率高于点击率的情况也是有可能出现的。

2. 网络广告经济效果评估的内容及指标

网络广告经济效果的评估是最重要的指标之一,它主要测评广告商品的销售额和利润的变化状况。销售增长是投放广告的目的,广告业主最关心的就是网络广告带来的经济收益。收益是广告收入与广告成本两者的差额。

(1) 网络广告收入(Income)。是指消费者受网络广告的影响产生购买行为而给广告主带来的销售收入。

其计算公式为:网络广告收入=广告产品价格×购买数量。

产品销售是多方面因素共同作用的结果,网络广告提供了产品曝光的机会,但产品的品质、价格、服务、消费习惯等多种因素都会影响产品销售,因此很难界定销量提升在多大程度上是由网络广告引起的。网络广告对销售的影响是长期的,有些广告的影响要经过很长一段时间才能体现,很多时候网络广告已经停止投放,但仍然会持续有网络广告带来的销售额。

(2) 网络广告成本(Cost)。指投放一次网络广告的资金支出。通过前一个任务介绍的网络广告的计价方式,可大体计算出网络广告的投入成本。

单从成本上来看,网络广告的成本高于其他传统媒体。但通过定向投放广告,以更集中的方式让特定用户看到,效果远高于电视、报纸等广告,整体广告费用远远低于传统广告。

常用的网络广告成本的评价指标有以下几种:

千人展示成本:CPM=总成本÷广告曝光次数×1 000。

每点击成本:CPC=总成本÷广告点击次数。

每行动成本:CPA=总成本÷转化次数。

3. 网络广告社会效果评估的内容及指标

网络广告的社会效果主要是对网络广告投放所引起的文化、教育等方面的作用。无论是广告构思、广告语言、广告表现,都要受社会伦理道德的约束。评估网络广告的社会效果,必须遵守社会意识形态下的政治观点、法律规范、伦理道德以及文化艺术标准的约束。意识形态不同,约束的标准也不同。

对网络广告社会效果的评估,很难用几个具体的指标来衡量,网络广告的社会影响涉及整个社会的政治、经济、法律、艺术、道德、伦理等上层建筑和社会意识形态。所以网络广告社会效果只能用法律规范标准、伦理道德标准和文化艺术标准来衡量。

(1)法律规范标准。利用广告法律来管理广告是世界各国对广告活动进行监管的普遍方法,这一方法具有权威性、概括性、强制性的特点,适用于广告的共性问题。

(2)伦理道德标准。各个国家、地区和民族都有其特有的伦理道德标准,网络广告的内容应该符合这些标准。

(3)文化艺术标准。各个国家、地区和民族在历史发展中,都形成了各自独特的文化和风俗,网络广告创作必须符合投放对象的文化艺术标准,否则,广告可能会受到抵制。

知识准备三　网络广告效果评估的方式

1. 分时段进行网络广告效果评估

网络广告在进行效果评估时,有些评估工作是需要在广告正式投放前进行的,有些需要在广告进行中或广告投放结束后进行评估。根据评估时间的不同,广告效果测评可以分为广告前测、广告中测和广告后测。

(1)广告前测。

是在制订广告草案以后,在广告实际展开之前,就通过多种指标,全方位地预测广告效果。广告前测主要是在实验室中进行,也可以在自然情景中进行。

① 广告前测的主要目的:诊断广告方案是否存在问题,避免广告推出无效;比较、评价候选方案,以便找出最有效的广告方案。

② 广告前测的主要优点:能够以相对较低的费用预算获得信息反馈。在广告前测阶段,广告主尚未花费大量的资金投放、刊播广告,有助于广告主及时诊断并消除广告中的沟通障碍,提高广告效果。另外还可以预测广告目标的实现程度。

③ 广告前测的缺点:测评大都是在被测试者看过一次广告后进行的,因此无法测出他们多次接触广告后或在其他营销活动配合情况下的广告反应。

④ 广告前测的方法:主要方法有专家意见综合法、直接测试法、组群测试法等。下面简单介绍直接测试法和组群测试法两种。

直接测试法。直接把供选择的广告展示给一组消费者,并请他们对广告进行评比打分,这种评比方法用于评估消费者对广告注意力、认知、情绪和行为等方面的强度。

组群测试法。让一组消费者观看一组广告,对时间不加限制,然后要求他们回忆所看到的全部广告内容。广告策划者可以给予帮助或不给予帮助,他们的回忆水平表明广告的突出性以及信息被了解的程度。在进行组群测试时,必须观看一组完整的广告,一组广告可包含 5~10 则广告,以便能做出系统的评估。

(2)广告中测。

网络广告投放到网站之后,要对广告的效果进行实时监测、动态跟踪,及时掌握第一手信息,根据监测结果来判断是否达到了预期效果,以及未来的改进方向。广告中测通常是在实际情景中进行的,以便及时发现广告前测中没有发现的问题,并及时进行解决。在发布网络广告的过程中,往往会发生许多意想不到的事情,影响到广告效果。因此,广告中测具有

非常重要的作用。

(3) 广告后测。

网络广告发布后,会引起不同程度的产品销量和品牌知名度的提高,对这一系列效果的测定即为广告后测。广告后测的内容视广告目标而定,主要包括品牌知名度、品牌认知度、品牌态度及其改变,以及品牌偏好和购买行为等。广告后测的主要作用是:

① 评价网络广告是否达到预定目标。

② 为今后的广告发布提供借鉴。

③ 如果同时采用了多种广告方案,可对不同广告方案的效果进行比较。

从网络广告效果测评的目的来看,广告前测和中测的作用在于诊断和纠错,以便于及时找出问题,并消除广告发布的障碍;而广告后测的作用主要是评测广告播出后的效果,了解广告最终产生的效果,为企业今后的广告活动提供借鉴。

2. 网络广告效果评估途径

网络广告效果评估的基础工作就是获得统计数据,这是评估工作得以进行的前提。目前网络广告效果评估,主要通过以下三种方式来获得数据。

(1) 通过使用访问统计软件获得评估数据。使用专门的统计软件,可随时监测网民对网络广告的反馈情况,并能进行分析,生成相应报表;广告主可以随时了解相关的信息,如什么时间、有多少人访问过载有广告的网页,有多少人通过网络广告进入过广告主的网站、在网页停留的时间多长等,甚至可以了解网民的个人情况数据。

(2) 查看客户反馈量。当网络广告发布后,如果用户反应比较强烈,反馈量大增,说明广告比较成功;反之,则广告比较失败。

(3) 委托第三方机构进行监测来获得评估数据。广告效果评估特别强调公正性,所以最好由第三方网络广告评估机构独立进行。网络广告效果评估虽然比传统媒体评估更易于操作,但其公正性一直受到质疑。第三方机构相对独立,因此在客观程度上有所提高,减少了作弊的可能,使统计数据的可信度大大提高。

任务实施

步骤一 确定网络广告效果评估的方式

(1) 华米公司对新款"华米9"手机的推广非常重视,对年度旗舰手机的销售预期也很高,网络推广力度也很大。为了准确了解网络广告推广的效果,经研究决定,委托第三方机构进行监测来获得评估数据。

(2) 网络广告效果评估,计划采用广告前测、中测和后测的方式,来整体评价广告效果。在相关网站投放的广告样图,如图 7.2.1 所示。

图 7.2.1 "华米 9"手机广告样图

步骤二 网络广告投放前期效果评估

(1)将广告公司制作的"华米 9"手机广告,展示给 100 名随机挑选的粉丝网友,请他们进行评比打分。

(2)拟定"华米 9"手机网络广告评分表,样本如下表 7.2.2 所示。

表 7.2.2 网络广告评分表

序号	评测内容	打分(每项目 20 分)
1	本网络广告吸引消费者关注度的水平	
2	本网络广告促使消费者继续查阅的能力	
3	本网络广告产品信息和特色凸显水平	
4	本网络广告特色诉求效能水平	
5	本网络广告激发消费者产生购买力的能力	

根据 100 位消费者测评总分进行平均,根据平均分给予结论。评价标准:1~20 差,20~40 中等,40~60 一般,60~80 好,80~100 优秀。

步骤三 网络广告投放中期效果评估

(1)华米公司在搜狐网首页投放了一则通栏广告(图 7.2.1),点击该广告会进入华米公司官方销售商城"华米 9"手机销售网页,网络广告投放时间为 180 天,广告投放费用为 7 920 万元,在广告投放期间的曝光次数约为 4 580 万次,点击量约为 5 264 000 次,在官方商城新注册用户约为 120 000 个(该处数据仅是样例数据)。

(2)网络广告投放传播效果评估的指标:

① 对网络传播效果评估内容中的"注意"(Attention)进行评估,主要评估指标为"广告曝光次数"。

广告曝光次数 = 4 580 万次

② 对网络传播效果评估内容中的"兴趣"(Interest)进行评估,主要评估指标为"点击次数和点击率"。

$$\text{点击次数} = 5\,264\,000 \text{ 次}$$
$$\text{点击率} = \text{点击次数} \div \text{曝光次数} = 0.115$$

③ 对网络传播效果评估内容中的"欲望"(Desire)进行评估,主要评估指标为"网页浏览次数"。

$$\text{网页浏览次数} = \text{广告点击次数} = 5\,264\,000$$

④ 对网络传播效果评估内容中的"行动"(Action)进行评估,评估指标为"转化次数和转化率"。

$$\text{转化次数} = 120\,000$$
$$\text{转化率} = \text{转化次数} \div \text{曝光次数} = 0.002\,6$$

步骤四　网络广告投放后期效果评估

(1) 华米公司在搜狐网首页投放了一则通栏广告(图 7.2.1),该网络广告宣传产品的平均销售价格约为 2 200 元,由该广告产生的销售量增加了约 750 万台(该处数据仅是样例数据)。

(2) 网络广告投放经济效果的评估指标:

① 对网络广告经济效果评估内容中的"网络广告收入"指标进行评估:

$$\text{网络广告收入} = 2\,200 \times 7\,500\,000 = 165 \text{ 亿元}$$

② 对网络广告经济效果评估内容中的"网络广告费用"指标进行评估:

$$\text{千人展示成本} = 79\,200\,000 \div 45\,800\,000 \times 1\,000 = 1\,729 \text{ 元/千人}$$
$$\text{每点击成本} = 79\,200\,000 \div 5\,264\,000 = 15 \text{ 元/次}$$
$$\text{每行动成本} = 79\,200\,000 \div 120\,000 = 660 \text{ 元/次}$$

通过这些指标计算,说明每千次广告曝光需要花费 1 729 元,每产生一个点击查看广告的用户需要花费 15 元,每产生一个新注册用户需要花费 660 元。

步骤五　网络广告投放社会效果评估

手机时代,人人都是摄影师,自拍早已成为这个时代的烙印。如今,市场上所有的品牌手机基本都具备拍摄功能,但消费者对手机拍照的可用性、方便性和图像质量仍然有着强烈的需求。"2000 万柔光双摄,照亮你的美!"这句广告词可以说是非常响亮,以消费者需求为导向,牢牢抓住年轻人这个手机消费主力军,取得了非常不错的成效。

思考练习

一、填空题

1. 评估网络广告投放效果,一般要遵循的原则有:相关性原则、有效性原则、_____原则、_____原则和_____原则。

2. 网络广告的最终目标是促成消费者_____。

3. "AIDA 公式"是指从消费者接触广告开始,一直到完成某种消费的几个行为动作,即_____、_____、_____、_____。

4. 转化次数就是受网络广告影响所产生的购买、注册或信息需求行为的次数,转化次数除以广告曝光次数,即得到_____。

5. 网络广告收入是指消费者受网络广告的影响产生购买行为而给广告主带来的销售收入。其计算公式为：网络广告收入 = _____ × _____。

二、选择题

1. 以下哪个不是网络广告社会效果的评估内容？（　　）
   A. 法律规范标准　　　　　　　　　　B. 伦理道德标准
   C. 文化艺术标准　　　　　　　　　　D. 网民数量标准
2. 以下哪个指标不是常用的网络广告成本的评价指标？（　　）
   A. 千人展示成本　　　　　　　　　　B. 每点击成本
   C. 转化次数和转化率　　　　　　　　D. 每行动成本

三、问答题

1. 网络广告制作和投放时，为什么一定要考虑投放广告所在地的政治、宗教等因素？
2. 网络广告投放效果评估时，转化率和点击率之间，有什么区别和联系？

任务拓展

为配合"的的专车"上市推广，设计制作了"的的专车"App。本次网络宣发活动，通过H5动态页面，在微信、微博上进行传播，用户通过点击宣传图片，可以下载"的的专车"App，并参与注册活动。

至 2018 年 12 月 31 日，在 30 天内，曝光总量为 512 万次，点击总数为 38 万次，注册用户增加 29 万人，下载安装 App 共 274 500 次。

对该网络广告的传播效果进行评估，并进行评价。

项目八

网络广告法律监管

一、项目简介

当代经济发展可谓是日新月异,互联网催生了许多产业。网络广告作为一种新事物,虽然出现的时间不长,但也得到了前所未有的大发展。然而任何新事物的出现都是一柄"双刃剑",网络广告在促进产业发展、活跃市场、服务社会生活的同时,也日益显露出来这种新媒体业态的诸多问题,如由于准入门槛较低,大量虚假广告充斥广告市场,不仅干扰了市场秩序,侵害了广大消费者的权益,也影响了社会的和谐稳定。因此,加强对网络广告的内容管理,对网络广告组织的机构管理非常重要,需要相应的法律法规予以监管。

二、项目目标

本项目通过"网络广告监督管理""网络广告法律责任"两个任务,明确网络广告监管与规范的必要性,遵循网络广告监管的原则,知晓网络广告监管的对象,了解网络虚假广告、网络广告不正当竞争、网络垃圾邮件与强迫广告的法律责任和网络广告隐私权保护的法律问题。对社会、企业和个人来说,规范网络广告行业,使其健康发展势在必行,并且需要各方面的共同努力。

三、工作任务

根据以上两个任务的要求,基于实践工作过程,以任务驱动的方式,完成以下任务目标:

(1) 遵循网络广告监管的原则,明确网络广告监管与规范的必要性。

(2) 知晓网络广告监管的对象以及相关监督管理机制。

(3) 了解网络虚假广告、网络广告不正当竞争、网络垃圾邮件与强迫广告的法律责任和网络广告隐私权保护的法律问题。

任务一　网络广告监督管理

任务描述

华米公司为推广新款"华米9"手机,制作并投放了网络广告。公司认为,为避免出现法律纠纷以造成不必要的损失,应该针对网络广告监督管理问题进行相应的学习,了解和明确各方责任,规避风险。

任务目标

根据本项目任务的要求,确定以下目标:
(1) 遵循网络广告监管的原则;
(2) 明确网络广告监管与规范的必要性;
(3) 知晓网络广告监管的对象。

知识准备

知识准备一　网络广告监管的原则

网络广告在我国起步较晚,现如今仍然处在发展阶段,但它却蕴含着无穷潜力,已经成为广告界中不可忽视的"主流"。因此,不能将网络广告完全比照传统媒体的运作模式,应当在广告法的大框架内,针对目前的广告法相关规定进行适当调整,需要遵循以下一些基本原则:

1. 政府管理与互联网服务提供商(ISP)、互联网内容提供商(ICP)自律相结合的原则

互联网服务提供商、互联网内容提供商是网络运作与管理的重要环节,政府无法脱离他们直接对网络实施有效管理。ISP、ICP自律原则体现在:一是ISP、ICP自身必须遵守广告法和相关法规,自觉抵制虚假、欺骗类广告,杜绝强制广告和不正当竞争;二是ISP、ICP在经营范围内,应当规范所托管的网站,一旦发现违规违法行为,应尽到管理人的法律职责。

2. 法律规范与业界规章相结合的原则

对于网络广告而言,法律不可能预先穷尽规则,这就需要行业规章在法律正式出台前的空白期起到规范作用。例如,在电子邮件地址的管理中,ISP、ICP负有特殊责任;对于商业网站的规划、个人主页的管理都必须有一套可行的规章制度。

3. 行业自律与第三方认证相结合的原则

通过制定相关法律法规来规范网络广告活动,是网络广告制度中必要且非常重要的内容。但单纯依靠法律的强制力来规范网络广告行为是远远不够的。相较法律规范而言,行业自律能够充分发挥业界的主观能动性,具有较强的操作性;而资深和权威的机构作为第三方认证,对各网站媒介及其广告的传播面和影响效果进行统计和监控工作,具有较高的可信度。因此,行业自律与第三方认证相结合的形式是必然的、可行的。

知识准备二 网络广告的基本特点

网络广告作为不同于传统媒体的广告形式,具有以下基本特点:

(1)利用数字技术制作、表示和传播。

(2)可链接性。链接意味着广告主和广告经营者都无法预知和控制广告会被多少站点复制和转发,不管是有意宣传还是无意传播,但只要被链接的主页被点击,就必然会看到网络广告,这是任何一种传统广告形式都无法比拟的。

(3)强制性。大多数人都有着被人在电子邮箱中塞进广告的经验,也有打开门户网站主页,映入眼帘的全是横幅式广告的经历,想拒绝此类广告在基础层面上还是相对困难的。

任务实施

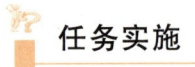 充分认识到网络广告监管与规范的必要性

网络广告的管理法律规范尚未完善,在一定程度上制约着我国网络广告的进一步完善与发展。

有一句名言:在互联网上,没有人知道你是一条狗。同样,在互联网上人人都可以发布广告。与现实社会一样,互联网上同样会出现虚假广告和欺诈广告,且更不容易鉴别。有些网站发布虚假广告,欺骗消费者;有些网站发布法律法规禁止或者限制发布的商品或服务广告;有些特殊产品广告发布前未经有关部门审查,内容存在严重问题;一些网站在广告经营中存在不正当竞争行为等,这些都制约着网络广告朝着健康、有序的方向发展。

针对目前的网络广告市场情况,网络广告监管与规范是非常必要的,主要体现在以下几个方面:

(1)价格问题。为了争夺网络广告市场,网络广告价格战正陷入无序竞争局面。由于网站数量激增,一些网站为了扩大市场份额,将网络广告价格不断下压,甚至免费,赔本赚吆喝。当然,对于新兴行业,较低的价格门槛有利于市场的培养,但如果长此以往,势必会引发不正当竞争。

(2)我国目前对网络广告的经营资格没有制定相应的法律法规,所以对网络经营广告的很多问题界定不清。比如,广告主、广告经营者和发布者定位问题模糊不清,在互联网上任何人都可以自行发布广告,网络广告传播主体的多元化使监管对象不明确,造成监管困难。

(3)虚假广告、色情广告、未经有关部门审核的广告以及法律法规禁止的广告经常在网络上出现。网络信息呈现大爆炸状态,孰真孰假,难以捉摸,更不要说那些有害的广告了。

(4)隐性广告问题。以非广告形式出现的隐性广告,在传统媒体上比较容易识别,但在网络上却难以辨别。比如在BBS中发布的广告,在商业网站主页上开辟专业论坛讨论企业产品与服务的性能、质量、功能之类的问题等。

由此可见,网络广告不仅仅只是广告问题,它直接关系到网络自身能否健康发展。法治化和规范化是我国网络广告发展的必由之路。

步骤二 网络广告监管的对象

由于网络广告具有不同于传统媒介广告的特点,这对网络广告的法律调整与规范提出了新的课题。

从网络广告的主体来看,网络广告的监管对象包括广告主、广告经营者、广告发布者;从网络广告的客体来看,网络广告的监管对象包括广告信息、广告方式。

1. 网络广告主体

明确广告主、广告经营者、广告发布者的定位问题是对网络广告主体监督管理的关键。

传统的平面媒体和电子媒体传播的商业广告,其广告主、广告经营者和广告发布者各自的定位和职责是清晰的。依照《中华人民共和国广告法》第二条第3、4、5款的规定,广告主是指为推销商品或者提供服务,自行或者委托他人设计、制作、发布广告的法人,其他经济组织或者个人。广告经营者是指受委托提供广告设计、制作、代理服务的法人,其他经济组织或者个人。广告发布者是指为广告主或者广告主委托的广告经营者发布广告的法人,其他经济组织或个人。广告主、广告经营者与广告发布者之间的界限是显而易见的,厂商不得自己经营媒体为本企业的产品或者服务发布广告。

但是,在网络广告业中,买方与卖方之间的界线是较为模糊的。因为广告主也可以创立自己的网站对其产品进行促销,出版商要买广告对其网站进行促销。因此,在网络广告业中,广告主、广告经营者、广告发布者这三者的界限很模糊,用现行的法律概念来理解,会产生一些认知上的困难。例如,ISP 与 ICP,他们既有类似于传统媒体的传播平台——自己的主页,同时,许多 ISP、ICP 集广告客户、广告经营代理、广告制作于一身。从某种意义上说,ISP、ICP 每时每刻都在为本企业做广告。当浏览者点击这些门户网站时,总会看到满眼的商业广告。在这些广告中,企业自身的广告尽管形式有点变化,但仍占据了重要的位置。另一个例子是企业网站,这些商业性网站存在的基本功能就是宣传本企业的形象,如网上看房,实际上就是房地产企业的广告。可以这样说,在现在的互联网上,任何人、任何机构都可以在自己的网站上链接其他的主页,同时发布自己的信息,而这种信息往往在实质上就是法律意义上的商业广告。因此,现行法律对广告主、广告经营者、广告发布者的定义及其规范方式已经不能适应网络广告的现状和发展趋势了。

2. 网络广告信息

国家工商总局曾一再强调,明确网络广告的经营活动和网上发布的广告内容都是广告监管的范围。对网络广告信息的监督管理主要包括对虚假广告、垃圾邮件、强迫广告、隐性广告等的监管。

网络广告信息具有以下特点:

(1) 隐性广告更加隐蔽。

所谓隐性广告,是指利用一些正常网络服务,达到发布网络广告目的行为的广告。隐性广告是以非广告形式出现的广告,也可称作不是广告的广告。《中华人民共和国广告法》第十三条规定:广告应当具有可识别性,能够使消费者辨明其为广告。大众传播媒介不得以新闻报道形式发布广告。通过大众传播媒介发布的广告应当有广告标记,与其他非广告信息相区别,不得使消费者产生误解。在传统媒体上出现的隐性广告比较容易识别,在互联网上的隐性广告则很难识别。其主要形式有下列几种:

① 以网络新闻形式发布的广告。

② 在 BBS 上发布的广告。

③ 以新闻组形式出现的广告。

④ 联合品牌网站发布的广告。

(2) 电子邮件广告难以拒绝。

许多人都有受到电子邮件广告骚扰的体会。一旦你的电子信箱地址被广告发布者获取,你就很难拒绝。电子邮件广告以邮件列表的形式,向无数的信箱发布广告邮件。这种想拒绝又无从下手的广告真的让人不堪其扰。

基于以上这些特点,不难看出,对于网络广告进行监督、管理难度很大。

思考练习

一、选择题

1. 从网络广告的主体来看,网络广告的监管对象不包括( )。

A. 广告主　　　　B. 广告经营者　　　C. 广告发布者　　　D. 广告方式

2. 以下说法错误的是( )。

A. 广告经营者是指受委托提供广告设计、制作、代理服务的法人,其他经济组织或者个人

B. 广告发布者是指为广告主或者广告主委托的广告经营者发布广告的法人,其他经济组织或个人

C. 广告主是指从事广告的商人,多指电视台、报社等,广告主是广告制作者广告位的贩卖者、电视广告时间段的出售者,多指企业

D. 广告主、广告经营者与广告发布者之间的界限是显而易见的,厂商不得自己经营媒体为本企业的产品或者服务发布广告

3. 网络广告作为不同于传统媒体的广告形式,下列( )特点不属于其基本特点。

A. 实际性　　　　　　　　　　　　B. 强制性

C. 可链接性　　　　　　　　　　　D. 利用数字技术制作、展示和传播

二、填空题

1. 针对目前的广告法规定进行适当调整,遵循_____、_____、_____的基本原则。

2. 网络广告作为不同于传统媒体的广告形式,具有_____、_____、和_____的基本特点。

3. 从网络广告的主体来看,网络广告的监管对象包括_____、_____、_____;从网络广告的客体来看,网络广告的监管对象包括_____、_____。

三、问答题

1. 对于网络广告监管与规范,主要存在哪些问题?

2. 网络广告内容分别表现出哪些特点?

3. 互联网上的隐性广告的主要形式有哪几种?

4. 简述广告主、广告经营者和广告发布者的定义。

任务拓展

(1) 登录中国工商总局——国家市场监督管理总局网站(http://www.saic.gov.cn),浏览关于网络广告监督管理与规范方面的有关内容,并写出总结报告。

(2) 如何清除电子邮件广告?如何清除邮件列表广告?如何使用弹出内容过滤和网页内容过滤功能?你还掌握了哪些鉴别或是拒绝网络广告干扰的方法,可以和同学们交流一下。

任务二　网络广告法律责任

任务描述

面对网络上出现的各种各样的网络广告,经常还会听到有关网络虚假广告、网络广告不正当竞争和网络广告中隐私受到侵害的报道,公众也深受网络垃圾邮件和强迫广告的骚扰。企业面临日益激烈的市场竞争环境,一味追求广告效果,有时也会不慎犯错,甚至触碰法律。因此,大家都对网络广告的法律责任产生了浓厚的学习兴趣。

任务目标

根据本项目任务的要求,确定以下目标:
(1) 知晓网络虚假广告的法律责任;
(2) 知晓网络广告不正当竞争的法律责任;
(3) 知晓网络垃圾邮件与强迫广告的法律责任;
(4) 了解网络广告隐私权保护的法律问题。

知识准备

知识准备一　广告违法的概念和特征

网络广告是广告的一种,网络广告的违法行为同样也属于广告违法行为的范畴。广告违法行为,亦称广告违法,是违反我国广告法律、行政法规的行为的总称。超出广告经营登记的范围进行广告活动、违反广告合同等,都属于广告违法行为。

广告违法行为具有以下主要特征:

1. 具有社会危害性

广告违法行为是危害社会的行为。广告违法不只是对广告法律、行政法规的破坏,而且是一种反社会的任意行为。具有社会危害性是广告违法行为最本质的特征。

2. 是违反我国广告法律、行政法规的行为

这是广告违法行为的法律特征。社会危害性是违法性的基础,没有社会危害性就谈不上广告违法问题;但仅有社会危害性而没有违法性,也不能认为是广告违法行为。

3. 是有过错的行为

广告违法行为的实施者在主观上有过错,包括故意和过失,没有过错的行为也不是广告违法行为。

可见,广告违法的要件有:其行为主体是从事广告活动的法人、其他经济组织和个人,包括广告主、广告经营者、广告发布者;其行为人在主观上存在故意和过失,在客观上侵害了我国法律所保护的社会关系;在客观方面表现为违反广告法律、行政法规的各种行为,如虚假广告、广告活动中的不正当竞争行为、非法经营广告业务行为、非法发布烟草广告行为、伪造和编造审查批准文件行为等。

网络广告违法行为的种类有:虚假网络广告、网络广告不正当竞争、网络垃圾邮件、强迫广告等。

知识准备二　虚假广告的定义和特征

《中华人民共和国广告法》第三条规定,广告应当真实、合法,以健康的表现形式表达广告内容,符合社会主义精神文明建设和弘扬中华民族优秀传统文化的要求。

《中华人民共和国广告法》第二十八条规定,广告以虚假或者引人误解的内容欺骗、误导消费者的,构成虚假广告。广告有下列情形之一的为虚假广告:

(1) 商品或者服务不存在的。

(2) 商品的性能、功能、产地、用途、质量、规格、成分、价格、生产者、有效期限、销售状况、曾获荣誉等信息,或者服务的内容、提供者、形式、质量、价格、销售状况、曾获荣誉等信息,以及与商品或者服务有关的允诺等信息与实际情况不符,对购买行为有实质性影响的。

(3) 使用虚构、伪造或者无法验证的科研成果、统计资料、调查结果、文摘、引用语等信息作为证明材料的。

(4) 虚构使用商品或者接受服务的效果的。

(5) 以虚假或者引人误解的内容欺骗、误导消费者的其他情形。

对于网络虚假广告,我国立法、司法和行政机关还没有明确的定义,但是在性质认定上与传统的虚假广告是一致的。

知识准备三　网络广告不正当竞争的类型

不正当竞争行为是指在市场交易中经营者出于竞争目的,违反诚实信用原则或公认的商业道德,从事有损于其他经营者或消费者利益,扰乱社会经济秩序,应追究其法律责任的行为。

网络广告不同于传统广告,利用网络广告进行不正当竞争从严格意义上说,并不体现在广告的内容、形式和广告的制作、发布上,而是体现在利用数字技术的新形式上。这些行为主要有:

1. 利用加框的超链接技术

所谓加框超链接技术,是指此网站以分割视窗的方式将他人网站的内容呈现在自己网站的网页上,当浏览者点击此网站与他人网站的链接时,他人网站的内容会出现在此网站页面的某一个区域内,而此网站页面的广告则始终呈现在浏览者的面前,这样,此网站的广告就可以借助他人网站的内容而被宣传。在此过程中,浏览者往往误以为自己并没有进入他人的网站。

2. 抄袭他人网站的内容

主要是剽窃、抄袭他人网站的内容、主页的排版布局。这类抄袭固然有原封未动的照搬,但更常见的是大部分内容相同,仅做小修小改,目的只有一个:使浏览者误认为此网站为彼网站,以提高点击率,进行不正当竞争。

3. 利用关键字技术

是指投机者利用一定的技术或以关键字的方式把他人的驰名商标写进自己的网页,当浏览者利用搜索引擎搜索该关键字所属网站时,该投机者的网站和该驰名商标的网站便能同时显现,投机者以此来搭便车,提高点击率。

在网络世界中,点击率被认为是判别一个网站是否成功的标志,上述行为本身并不是制作、发布网络广告的行为,是非传统意义上的利用广告进行不正当竞争的行为,但它们却能在事实上起到提高网站点击率的效果。法律条文主要侧重于对传统商业广告的不正当竞争行为做出规定,而对于利用网络广告进行不正当竞争却鲜有规定,所以应将这些新的不正当竞争行为归入利用网络广告进行不正当竞争的范围,设法加以解决。

知识准备四　网络垃圾邮件

电子邮件因其速度快、覆盖面广、成本低等特性成为一种有效的广告方式,电子邮件广告目前是阅读率最高的一种广告形式。电子邮件与普通邮件相比非常方便,只需一次简单填写就完成了整个工作,成本低廉。另外,电子邮件还可以自动转发,更加简化了工作,成本也进一步降低了。

利用电子邮件来进行广告宣传已经被广泛采用,由于采用这种方法的商家越来越多,因此受众所收到的垃圾邮件也越来越多。我们不断地打开或删除这些垃圾邮件,上网费用也在悄然增加。对于一些 ISP、ICP 来说,垃圾邮件拥塞了它们的系统,使其客户上网的速度越来越慢,有时甚至导致系统崩溃。经常使用电子邮件的人都会莫名其妙地收到许多广告邮件,甚至其中有很多广告不能删除。滥发垃圾邮件给用户和商家带来了很大的损失,它不但浪费了网络资源,还迫使邮件服务商投入大量资金来处理垃圾邮件。对用户而言,大量的垃圾邮件占用空间导致用户无法收到正常的邮件,严重时则可能引发法律纠纷。

知识准备五　强迫广告

网民进入网页时,经常会遇上页面自动跳出广告,网民无法先行关闭的现象。对于大多数网民而言,对于这些广告根本就不感兴趣,但不打开它又会影响正常浏览,网民付出资金成本,也付出时间成本。另一种强迫广告是"在线巨型广告"。这种广告极具视觉冲击力,它占据电脑屏幕很大的部分,并且具有动画效果。这种广告通常会持续 3 至 5 秒的时间,而此时段内用户不能进行任何操作,只能静静地观看网络广告。这些强迫广告跳出这么多,既浪费了网民的时间,也侵犯了网民的权利。

知识准备六　网络广告隐私权保护的法律问题

1. 网络隐私权的主要内容

早在1997年,我国就有学者很有预见性地指出,要通过立法以及相应的执法手段和司法程序来保护个人数据免受不当的收集、储存、处理、传输和利用,对于违反这些规定的行为应予以法律制裁。

个人数据应受法律保护的基本内容有:

(1) 对个人数据信息的收集必须取得主体的同意。

(2) 在持有他人数据信息时,其持有目的具有价值判断上的合法性和程序上的完备性。

(3) 在持有的数据信息内容上必须是准确的,而不是虚假的。

(4) 对于个人数据信息的处理必须做到,所处理的个人数据信息是合法收集、储存或持有的;处理个人数据必须得到许可或者授权,更重要的是不得非法侵害数据信息主体的人格权。

(5) 对个人数据信息的披露和公开要征得本人的同意。

(6) 数据信息主体在支付了合理的费用后,有权向数据持有者了解有关自己的个人数据是否已经被储存下来。

2. 网络隐私权的保护措施

针对社会各界对隐私权加强保护的强烈呼吁,网上网下均应采取各式各样的措施,这些措施对隐私权的保护是具有积极作用的。目前采取的措施主要有以下几种:

(1) 隐私权人加强网上自我保护。

消费者应当妥善管理个人信息,提高对网站的鉴别能力,从而使消费者能够对于提供个人信息做出正确判断。

(2) 加强隐私权保护的技术措施。

专家指出,目前网上可以找到许多帮助网民保护个人隐私的软件,其中有些免费软件能够做到不接受网站发送给网民的 Cookie 程序,同时又不能响应网站的访问。

(3) 自律性规范与第三方认证相结合的保护方式。

3. 网络隐私权的法律保护

用法律的方式保护数据信息,可在一定程度上克服技术方面的不足:即使是通过解密而使越权存取数据库中的信息资料成为事实上的可能,这种行为也为法律所禁止。如果违反法律规定,就应当承担相应的法律责任。更重要的是,用法律的手段对数据信息进行保护,为数据的收集、储存、处理、传输和使用建立一整套行为规范,不仅能有效地遏制和制裁数据库的使用者越权存放个人隐私资料的违法行为,而且还能避免或减少数据库的经营管理者不当收集、储存、处理、传输和传播个人隐私资料的行为。就本质而言,也是保护公民私生活的安宁,保障人们的隐私权。

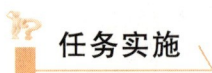

步骤一　网络虚假广告的法律责任

发布虚假广告是违法行为,应当承担法律责任,网络虚假广告也应如此。虚假广告应承担的法律责任包括三种：民事责任、行政责任和刑事责任。《中华人民共和国广告法》第五十五条规定：违反本法规定，发布虚假广告的，由市场监督管理部门责令停止发布广告，责令广告主在相应范围内消除影响，处广告费用三倍以上五倍以下的罚款，广告费用无法计算或者明显偏低的，处二十万元以上一百万元以下的罚款；两年内有三次以上违法行为或者有其他严重情节的，处广告费用五倍以上十倍以下的罚款，广告费用无法计算或者明显偏低的，处一百万元以上二百万元以下的罚款，可以吊销营业执照，并由广告审查机关撤销广告审查批准文件、一年内不受理其广告审查申请。医疗机构有前款规定违法行为，情节严重的，除由市场监督管理部门依照本法处罚外，卫生行政部门可以吊销诊疗科目或者吊销医疗机构执业许可证。

广告经营者、广告发布者明知或者应知广告虚假仍设计、制作、代理、发布的，由市场监督管理部门没收广告费用，并处广告费用三倍以上五倍以下的罚款，广告费用无法计算或者明显偏低的，处二十万元以上一百万元以下的罚款；两年内有三次以上违法行为或者有其他严重情节的，处广告费用五倍以上十倍以下的罚款，广告费用无法计算或者明显偏低的，处一百万元以上二百万元以下的罚款，并可以由有关部门暂停广告发布业务、吊销营业执照、吊销广告发布登记证件。广告主、广告经营者、广告发布者有行为构成犯罪的，依法追究刑事责任。

我国广告法中关于发布虚假广告的广告主法律责任的这些规定，应该同样适用于网络环境。

《中华人民共和国广告法》第五十六条规定：违反本法规定，发布虚假广告，欺骗、误导消费者，使购买商品或者接受服务的消费者的合法权益受到损害的，由广告主依法承担民事责任。广告经营者、广告发布者不能提供广告主的真实名称、地址和有效联系方式的，消费者可以要求广告经营者、广告发布者先行赔偿。关系消费者生命健康的商品或者服务的虚假广告，造成消费者损害的，其广告经营者、广告发布者、广告代言人应当与广告主承担连带责任。前款规定以外的商品或者服务的虚假广告，造成消费者损害的，其广告经营者、广告发布者、广告代言人，明知或者应知广告虚假仍设计、制作、代理、发布或者作推荐、证明的，应当与广告主承担连带责任。

在网络广告中，ISP 是否属于广告经营者或广告发布者的范畴，对于网络虚假广告 ISP 应承担什么责任，以及如何追究他们的责任，在我国的现有的法律中尚无十分明确的说法。随着公众对网络负面影响的反感越来越深，从 ISP 在网络虚假广告的形成和后果中的作用等因素考虑，要求 ISP 负起法律责任的呼声越来越高。

步骤二　网络广告不正当竞争的法律责任

竞争是获得和保证繁荣的最有效手段。只有竞争才能使消费者从经济发展中获得实惠。正当的网络竞争是以谋取有利的生存发展空间和高点击率为目的，以其他利害关系人为对手，在法律允许的范围内开展的网络活动。如果网站经营者滥用网络技术进行违反诚实信用原则或公认的商业道德的网络宣传，损害其他网站的利益，扰乱网络秩序，这种行为应属于不正当竞争行为。网站经营者对此要负主要的法律责任。

在某些情况下，网站经营者可能委托开发商或制作商来开发超链接技术、关键字技术的网站应用，但以此为由要求开发商承担责任是不正确的。一方面，在相当多的情况下，开发商不知道网站经营者要开发的具体内容,或者说,网站经营者要求开发商不能过多地了解网站的具体材料,这是正常的,也是合理的。这是由开发商的性质所决定的,也是网站经营者为了有效地保护自己的商业秘密所产生的必然结果。另一方面,开发商在开发的过程中,会涉及诸多行业,如果要求其在制作之前对该网站进行研究分析,确定哪些材料不会导致不正当竞争,然后再去制作,也是不现实和不必要的。超链接、关键字等技术可以用于不同的目的、使用在不同的地方,由此产生的后果主要仍应由网站经营者负责。

步骤三 网络垃圾邮件与强迫广告的法律责任

1. 网络垃圾邮件的法律问题

利用电子邮件来进行广告宣传已经成为一种被广泛采用的手段。采取这种方法的商家越来越多,网民所收到的垃圾广告也就逐渐增多。电子邮件不像传统普通邮件的垃圾邮件一样,可以从外观上和发信人地址来辨别、处理。互联网上广泛采用匿名的邮件,使人们无法辨别信件的来源,不打开阅读很难判定其中内容。因此在网络环境中,人们对垃圾电子邮件深感厌恶。

为了保障收件人、经营者的合法权益,创造公平的市场竞争环境,保证邮件的有效性、合法性,促进网络经济健康、有序地发展,一些地方的工商行政管理局对利用电子邮件发送商业信息的行为进行了明确规范:互联网使用者在利用电子邮件发送商业信息时,应本着诚实、信用的原则;不得违反国家的法律法规,不得侵害消费者和其他经营者的合法权益;未经收件人同意不得擅自发送;不得利用电子邮件进行虚假宣传;不得利用电子邮件诋毁他人商业信誉;利用电子邮件发送商业广告的,广告内容不得违反广告法的有关规定。对违反这些规定的互联网使用者,工商行政管理部门将按照《中华人民共和国广告法》《中华人民共和国反不正当竞争法》《中华人民共和国消费者权益保护法》的规定予以处罚。

2. 网络强迫广告的法律问题

网络强迫广告的问题日益严重,为此有网民提出,小窗口广告强行出现在计算机屏幕上,侵占了屏幕空间,浪费了网民的时间,这些行为是否侵犯了网民的权利呢?

网民是消费者,对于电信部门和ISP而言,普通网民的消费者地位是毋庸置疑的。如果网站所制作的网页没有任何商业目的或者没有任何直接的商业目的,网站经营者不应承担经营者对消费者的义务。但如果网站经营者制作的网页纯粹是为了销售商品或者提供服务,此时的网站经营者和网民完全符合经营者和消费者的基本特征,他们之间的权利义务关系应受《中华人民共和国消费者权益保护法》的约束。该法第九条指出,消费者享有自主选择商品或服务的权利;第十条指出,消费者享有公平交易的权利。因此,网站经营者是不能强迫网民在访问其网站时必须如何作为或者不作为的。

还有一种情况就是,网站是一种综合性网站,制作的网页为网民提供了各种服务,网民到网站访问不是为了寻找消费机会,而是单纯为了享受服务,网民无须为此向网站支付任何费用。网民在此时同样应有选择权和公平交易权,他们有权拒绝任何强迫服务或交易行为,当然包括网络强迫广告。

思考练习

一、选择题

1. ( )不只是对广告法律、行政法规的破坏,而且是一种反社会的任意行为。
   A. 虚假广告行为
   B. 虚假广告
   C. 广告违法
   D. 广告违法行为

2. 下列哪项内容不属于传统虚假广告?( )
   A. 商品广告中有关商品质量、性能、用途等的说明与商品的实际质量、性能、用途不符的
   B. 擅自改变药品、医疗器械、农药等经批准的宣传内容,进行虚假或夸大宣传的
   C. 在广告中做出实际能兑现的虚假允诺的
   D. 以市场预测为目的,为尚未投产或不能按期供货的商品做广告的

3. 下列各项中( )不属于虚假广告所应承担的法律责任。
   A. 民事责任   B. 违宪责任   C. 行政责任   D. 刑事责任

二、填空题

1. 超出广告经营登记的范围进行＿＿＿＿＿＿、＿＿＿＿＿＿等,都属于广告违法行为。
2. 网络广告违法行为的种类有＿＿＿＿＿＿、＿＿＿＿＿＿、＿＿＿＿＿＿＿＿＿＿＿＿。
3. 网络隐私权的保护措施主要有＿＿＿＿＿＿、＿＿＿＿＿＿、＿＿＿＿＿＿三种。

三、简答题

1. 试论虚假违法广告的主要特征。
2. 简述网络广告活动中的不正当竞争行为。
3. 简单概括网络隐私权的主要内容。
4. 简述网络垃圾邮件与强迫广告的法律责任。

任务拓展

参阅相关法律法规条文和资料,和同学们一起讨论,在数据时代的大背景下,在网络广告推广中如何保护消费者的权益。

项目九 网络广告综合实训

一、项目简介

通过前面章节的介绍和学习,同学们已经全面系统地掌握了网络广告的基础知识。本章节为项目实训环节,主要围绕"丝巾广告的制作和推广""箱包对联广告的制作和推广""双十一广告的制作和推广"三个实训任务展开讲解,从客户需求出发,针对如何开展网络广告的策划、创意、设计、制作、发布、预算管理和效果评估等环节,让学生充分体验网络广告的一系列过程,从而更加直观地掌握网络广告的理论知识,对网络广告有感性的认识,从实践中学习理论,用理论来指导实践。

二、项目目标

本项目通过"丝巾广告的制作和推广""箱包对联广告的制作和推广""双十一广告的制作和推广"三个任务,来了解网络广告从客户需求出发,进行网络广告策划、创意、制作、推广、效果评估等一系列过程,达到学以致用的目的。

三、工作任务

根据以上三个实训任务的实训过程和要求,基于实践工作过程,以任务驱动的方式,完成以下任务目标:

(1) 了解网络广告策划流程,能制订网络广告策划方案。

(2) 了解网络广告的创意方法,能根据产品的特点进行网络广告创意。

(3) 熟悉 PhotoShop 软件的使用,能进行网络广告的设计与制作。

(4) 了解网络广告的推广方法和效果评估方法,能进行网络广告推广和投放效果评估。

综合实训一 丝巾广告的制作与推广

任务描述

某丝巾网店店主为了迎合"3·8最美女人节"活动，要求制作一个丝巾网络广告，欲投放在某购物网站或某门户网站女性频道，进行推广宣传。要求设计风格简约大方，底色纯净，突出产品的春天气息。

任务目标

根据本项目任务的要求，确定以下实践任务：
（1）能根据市场环境等因素制订网络广告整体策划方案；
（2）能根据丝巾产品的特点进行网络广告创意；
（3）能根据广告创意设计制作丝巾广告；
（4）能对广告进行推广和效果评估。

任务实施

步骤一 网络广告策划

网络广告策划伴随着广告创意、设计制作、发布和效果监测等整个网络广告活动运作的全过程，是整个网络广告活动的核心。下面我们以丝巾广告为例，来了解一下网络广告策划的核心过程。

1. 市场分析

（1）营销环境分析。

2018年，全国居民人均消费1.98万元，服装配饰占比4.1%，比2017年增长7.1%。据专家预测，随着人们消费水平的提高和消费观念的进步，对于提升生活品质的服饰配饰等的需求将会逐年递增，中国有14亿人口，6亿多为女性，如果按每10人有一件配饰计算，需要6 000多万件。

目前淘宝网主营丝巾的网店有很多，主要是原创系和韩系，价格差距较大，质量参差不齐。客户网店主要经营真丝、羊毛、羊绒围巾等产品。根据调查，消费者对于丝巾的需求主要集中在春秋季节。丝巾老少皆宜，覆盖面广，产品因为本身面料材质的不同，价格差异较大，从几十到几百都有，能满足女性对品质和价格的不同需求。所以丝巾市场潜力巨大，极具推广价值。

（2）产品分析。

本广告品牌丝巾主要为春季上新款，真丝缎面材质，多种规格，形状为方巾。同类产品在淘宝平台上的销售价格从几十到几百不等。广告主店铺商品主要面向都市青春女性，所以产品定位为时尚、知性的中高档。但产品刚刚上市，仍处于市场导入期，急需开拓市场。

由于导入市场的费用较高,所以急需缩短这一时期,减少导入成本,因此广告应以提高产品的知名度、消费者的认知度、使产品迅速进入市场为目的,运用开拓性广告策略进行广告宣传。

(3) 消费者分析。

爱美是女性的天性,丝巾作为女性可一年四季搭配的主要单品,是女性配饰中不可或缺的物品。根据客户网店的消费数据统计,消费群体主要集中在30到45岁的优雅女性,这部分女性主要为白领阶层,她们大多收入稳定,注重个人形象,有自己独特的时尚品位,商品的款式和质量是她们的首选因素。她们在服饰、化妆品等方面一般都比较大方,也是消费群体中购买力较高的一部分人。淘宝官方发布的《2018 淘宝数据报告》显示,在 2018 年全国有 6 亿人在淘宝上购物,而女性平均每人每天打开淘宝 10 次,搜索最多的关键词之一就是服饰配饰。相信通过广告宣传可以充分发掘潜在客户。

(4) 企业与竞争对手的分析。

本案例主要以淘宝或天猫平台的数据进行分析。"上海故事"品牌是一个线上线下一体的知名丝巾品牌,目前主营产品分为"丝巾围饰""时尚阳伞""时尚手袋"三大类别,千余个花色品种。其网上店铺主营的丝巾围饰,虽然产品花色鲜艳、材质精良、品种多样,但款式固定,没有什么新意,产品定位深受中老年女性的喜爱和追捧。平台销售多年来保持稳定,居同类产品销售量前 10 位。本客户的丝巾产品想要在市场占有一席之地,只能从受众群和产品本身这两个因素出发。

2. 广告分析

(1) 广告目标市场分析。

随着人们生活水平的提高,女性的生活品位和质量都在发生着积极的改变。依据中国服饰配饰市场的价格现状,根据材质的不同,可把服饰配饰的消费档次分为低、中、高三档:一般来说,99 元以下为低档产品,100 元至 299 元为中档产品,300 元以上为高档产品。因此,在扩大目标市场战略上,采取中高档同步走的原则,在把控价格的基础上,不断提升质量,满足消费者个性化、时尚化的需求。由此,广告旨在挖掘新的目标消费市场,吸引崇尚时尚的收入稳定的年轻人群。

(2) 产品定位策略。

客户产品定位强调其目标对象为年轻时尚的都市女性,因此,要把产品的款式诉求放在第一位。《白领女性购物分析》调查报告指出:大多数白领女性都受过高等教育,具有较高的品位,对潮流风尚十分敏感,并对自己的品位和个性相当自信,虽然有时候表现得十分挑剔,但对自己喜欢的东西从不吝啬。所以,为了适应受众群的购物需求,将产品定位为符合都市时尚女性个性穿搭需求,从现在的营销市场环境来看,是符合当今的消费态势的。

(3) 广告诉求与表现策略。

综合目前市面上的丝巾广告来看,"上海故事"品牌丝巾因为定位为中年女性,所以在广告表现上一贯追求沉稳,中规中矩,模特的选择也是优雅端庄的中年女性。而本广告产品根据定位,在兼顾一部分中年女性市场的同时,最重要的是挖掘年轻女性市场,因此在广告诉求上,重在如何表达"时尚"。时尚的定义应是有内涵、有风格、有个性的,而不是表面上的一点改变,它是经久不衰的。广告语初定为:赋无限精彩于春风里。这样的诉求在产品上市初期就开始实行,对以后的诉求会起到很好的铺垫。产品广告的表现形式还处在开发阶段,除了用常见的 Banner 广告和弹出式广告外,还可以开发出一些更能贴近个人的互动式广告。因为要在广告中表现出产品的魅力,进行形象宣传,发掘更多年轻的潜在客户,所以广告要尽量放置在内容有序、层次分明的网页。

(4)广告媒介策略。

广告媒介策略的目标主要是为了扩大知名度,充分发掘可能购买的人群。在一定的媒介预算范围内,一是选择受众多,在中高收入人群中有较高知名度的门户网站上投放广告;二是选择针对目标受众的网站,这样的网站点击率可能低于一些知名度很高的网站,但更接近于可能的购买人群;三是选择更能贴近个人需求的网页,比如个人电子邮箱,让用户打开信箱的同时就能看到它。

3. 网络广告实施计划

(1)广告目标。

客户投入广告主要是为了响应线上活动,配合春季新品上市,在消费者中扩大新款的知晓度,引发消费购买促进销售。

(2)广告活动时间。

产品上市之日起的一个月内。

(3)广告活动区域。

本客户丝巾品牌主要创立于杭州,同时由于气候的关系会影响丝巾的使用频率,所以该品牌的知名度主要在苏浙沪一带,其他地区影响较小,因此要加大广告投放的力度,巩固现有市场,深度吸引消费者。

(4)网络媒介选择和预算。

经调查,目标受众群大多接触互联网、电视、时尚杂志等广告媒介,结合丝巾的品牌特征和消费者的媒体接触习惯,应主要选择网络媒介进行广告宣传。考察了多家网络媒体,最终选择消费者接触频度最多的女性时尚类网站"瑞丽网"和购物类网站"天猫网"。

根据网络报价,在瑞丽网投放通栏广告一个月,预算为 90 万。在天猫网进行首页展播一个月,预算为 45 万。为了配合丝巾广告宣传举行的系列活动预算经费为 2 万。

步骤二 网络广告创意和制作

下面将以天猫网首页展播广告为例来展开丝巾网络广告的创意和制作说明:

1. 思路整理

通过分析客户需求,我们了解到客户展示的产品为丝巾,需要突出女性特征,投放在网站首页,尺寸为 1 024×500 左右,风格大气简约,底色纯净,并强调了产品推出的季节是春天。

2. 准备相关素材

展示穿戴类的产品,选择长相较好、形体优雅的模特以突出产品的特点,让消费者产生代入感,有更加直观的感受和体验。所以,首先要找出符合主题的模特;其次要收集跟春天有关的元素,比如绿色植物等素材来装饰整体版面。

3. 确定广告字体

根据女性丝巾的特点,讨论决定主题文本字体采用"汉仪长宋简",通过其粗细分明的笔画来衬托女性婀娜多姿的身形,营销文本字体采用"汉仪细圆简",平滑的轮廓,纤细的笔画与主体文字形成层次的对比。

4. 确定广告的主体色调

为了衬托产品主体,广告背景决定采用淡绿色的渐变效果,主题文本采用深绿色以增加春天的气息,并添加淡粉色作为冷暖对比的点缀,同时也能跟商品相呼应,保持整体协调。

5. 确定广告板式

为了更好地表现人物,采用垂直式构图方式,广告页面进行左右分栏,为了丰富版面内容,在左右分栏之后再对右面一栏进行上下分栏,这样能够有序地放置更多的图文内容。

6. 网络广告制作

根据创意,采用 Photoshop 软件进行制作,最终定稿效果如图 9.1.1 所示。

图 9.1.1 丝巾广告效果图

步骤三 网络广告推广与效果评估

根据目标受众群的消费习惯和上网习惯,我们选择了女性时尚网站瑞丽网和消费购物类网站淘宝天猫网进行了一个月的广告投放。为了提升广告宣传的效果,选择情人节作为契机,男士或女士在情人节期间无论在淘宝天猫还是线下购买同款情侣丝巾,享受情人节特惠价,并赠送情人节专享包装,附赠精美贺卡,给爱人们一个表达爱的机会,鼓励爱人们在微博上上传佩戴同款丝巾的情侣照片并@官微和三位好友,有机会抽取 512 对幸运情侣,将再获得同款式情侣丝巾套装一份。为了配合"3·8 最美女人节"活动,在瑞丽网开展"最美的我——这个春天我和丝巾有个约会"照片征集活动,女性可以通过上传自己的照片赢得活动奖项。

广告的效果评估主要从两方面评价,首先是销售效果评估,通过广告宣传和活动策划,提高商品在市场上的占有率和销售量,提升消费者对产品的好评度,激起消费者对产品的购买欲,最终达到提高商品的销售额,增加利润,使企业获得更多经济效益的效果。其次是心理效果评估,评估广告的传播是否突出了产品在公众心目中的地位,树立了良好的形象,建立了消费者与品牌间的情感联系。

任务拓展

通过学习本章节内容,请参照以上案例完成一款冬日羊绒围巾的网络广告推广和制作,如图9.1.2 所示。

图9.1.2 羊绒围巾广告参考图

综合实训二 | 箱包对联广告的制作与推广

任务描述

某时尚旅行箱网店店主为本店一款黄色旅行箱打广告,计划在某购物网站或某门户网站以对联广告的形式进行推广宣传,广告要表达出"说走就走"的洒脱感和旅行感。

任务目标

根据本项目任务的要求,确定以下实践任务:
(1)能制订网络广告整体策划方案;
(2)能根据箱包产品的特点进行网络广告创意;
(3)能根据广告创意设计制作对联广告;
(4)能对网络广告进行推广和效果评估。

任务实施

步骤一 网络广告策划

受益于生产技术的不断提高和需求市场的不断扩大,近几年来我国箱包行业发展迅速,在国内和国际市场上的发展形势被普遍看好。下面我们以旅行箱对联广告为例,来了解和

169

分析网络广告的核心策划过程。

1. 市场分析

(1) 营销环境分析。

营销环境分析主要说明目前市场大环境下,我们的机会与挑战。首先可以从我国现阶段的政策、文化背景着手进行分析,也就是宏观因素,比如,我国目前大力发展电子商务和旅游业,为旅行箱市场带来了蓬勃生机;其次可以从企业目前的发展概况来分析,这是微观因素,比如,企业的生产制造能力、供应能力、营销能力等;再次可以从当前我国网络发展的大环境来分析,阐述目前我国网络的发展规模、电子商务的运营情况等。

(2) 消费者分析。

消费者分析主要分析消费者的总体消费态势,现有消费群体的消费行为和习惯,潜在消费者的购买行为和被本产品吸引的可能性。比如,旅行箱目标消费者为18—35岁的年轻群体,主要包括学生和白领,异地求学、旅行出游、商务出差等,他们最为注重的是箱包本身的质量问题,同时对美观、轻便、坚固、性价比也都有要求。

(3) 产品分析。

产品分析主要根据自身公司的发展概况和产品的特点进行剖析,了解自己的优势和劣势。比如本客户公司规模较小,产品属于导入期,广告宣传力度低,品牌知名度尚未建立,竞争者实力很强;但公司设计师团队富有朝气,研发能力强,产品设计结合时尚流行元素,设计感强,在注重个性外观的同时强调产品的质量,只有过硬的品质才能经得住市场的考验。本产品价格定位适中,主打中高端市场。

(4) 企业与竞争对手的分析。

分析竞争对手并将本企业与竞争对手做比较。比如,旅行箱中产品定位比较高端的"新秀丽"品牌,价格从900到4 000不等,风格时尚、活力十足、色彩丰富、提倡环保,深受年轻时尚人士的喜爱,但价格偏高。而不莱玫旅行箱定位中端市场,价格从200到500不等,设计卡通可爱,小清新风格,而且价格实惠;缺点是材质较差,容易刮花。这些品牌进入市场较早,已经打开了市场局面,新兴品牌想要抢占资源,必须通过市场细分,强化产品的性价比。

2. 广告分析

(1) 广告目标市场分析。

目标市场分析主要根据目前市场情况结合公司自身条件,将公司产品进行市场细分。如旅行箱市场细分情况如下:高档产品市场主要面向国内一线城市销售,以有稳定收入的白领阶层为目标对象,中端产品市场主要面向各大城市收入水平一般的人群和学生群体。

(2) 产品定位策略。

产品定位是指通过广告宣传准备塑造一个怎样的品牌形象和理念。客户旅行箱始终坚持传承匠心品质,自主创新研发,富有时尚气息,为追求梦想、喜爱潮流的用户打造休闲、商旅等多元化、个性化箱包。品牌特性就是:时尚、坚固、空间大。

(3) 广告诉求与表现策略。

广告诉求主要分析诉求的对象,根据对象确定诉求的重点,然后确定广告的主题,根据主题进行创意设计。比如旅行箱广告,根据对消费群体的分析,强调年轻时尚的产品定位,主要通过广告树立产品年轻化的标准,从而提高年轻群体对于旅行箱的认同感和归属感。

因此确定广告主题为:陪你看世界。广告的设计要在功能上强调旅行箱容量大的卖点,在情感上表达年轻人的精神向往。

(4) 广告媒介策略。

广告媒介策略主要是根据广告目标选择合适的媒介和广告预算方案进行广告活动。旅行箱广告媒介以视觉媒体为主要宣传手段,线下宣传主要在户外,在地铁站入口、飞机场入口、候机厅等地张贴创意海报;线上宣传主要利用微博、微信与消费者进行互动交流等。

3. 网络广告实施计划

(1) 广告目标。

广告的目标是为了树立企业形象和提高品牌知名度,最终目的其实都是为了促进销售。旅行箱广告希望通过广告宣传扩大产品知名度,打入年轻人市场。

(2) 广告活动时间。

广告活动时间指广告投放和整个系列互动的宣传周期,旅行箱产品的目标受众为大学生和白领,所以宣传周期定位在五月下旬到九月初,涉及开学季和旅游旺季。

(3) 广告活动区域。

广告活动区域应该确定目标市场,并说明选择此特定分布地区的理由。旅行箱根据目标受众人群,高端产品广告活动区域为一线城市,中端产品为各大城市或乡镇。

(4) 网络媒介选择和预算。

网络媒介选择可以根据目标受众群体的上网习惯或购买方式,选择合适的网站进行宣传,如果是付费广告,需要考虑预算。也可以选择免费推广的方式进行宣传。本案例中,根据高端受众群的上网和消费习惯,可以在一些热门的门户网站投放广告,比如在新浪网首页投放对联广告,一个月的费用在60万左右;在淘宝天猫网的钻石展位和直通车投放,费用在3万左右。另外还可以配合广告的宣传,开展一系列活动,活动经费也要做好预算。

步骤二 网络广告创意和制作

下面将以新浪网首页对联广告的设计来展开旅行箱广告的创意和制作说明。

1. 思路整理

通过分析,了解到客户需要展示的黄色旅行箱产品偏向于中性时尚的风格,因为投放的是对联广告,尺寸定为210×480。背景要紧扣旅行的主体,体现"说走就走"的洒脱感和度假风尚。

2. 准备相关素材

由于对联广告的特殊性,在选择背景图的时候必须注意图片垂直方向的精彩程度,保证在垂直区域内能够很好地诠释广告的含义,并且在内容上可以起到左右呼应的效果。同时,为了迎合客户要求,表达出旅途含义,在背景上选择都市夜景、异域城市街景或者度假沙滩的画面。

3. 确定广告字体

为了凸显产品的时尚感,讨论决定页面主体文字采用中英文结合的方式,中文主体采用常规黑体,让画面显得清晰自然,英文采用 Lucida Sans Unicode 字体,其他中文采用幼圆字体,突出了页面的流畅感。

4. 确定广告的主体色调

为了呼应旅行箱的黄色,背景决定采用蓝天、白云、沙滩的图片,突出产品的度假风特色,主体文本采用绛红色,让画面更有层次感。

5. 确定广告版式

因为对联广告的特殊性,决定采用垂直式构图方式,垂直线给人纵伸、修长的心理暗示,也符合竖长型旅行箱本身的特点;版面为上下两栏式,上栏放文字,下栏为图片,这样更有利于信息层级的编排。

6. 网络广告制作

根据创意,采用 Photoshop 软件进行制作,最终定稿效果如图 9.2.1 所示。

图 9.2.1　箱包广告效果图

步骤三　网络广告推广与效果评估

根据目标受众群的消费习惯和上网习惯,目前流行的网络推广方式,选择在新浪网投放一个月左右的对联广告,打开产品知名度;同时为了增加产品的美誉度和客户粘连性,我们可以借助微博、微信和时下流行的抖音视频开展系列互动。通过微博、微信等社交媒体发布"陪你看世界"话题,与消费者进行讨论,晒出自己的箱包或者旅行照片等,使消费者关注并参与我们的话题,为后期的活动奠定基础。

广告的效果评估主要从销售效果评估和心理效果评估两个方面来开展,销售效果评估可以通过销售数据来做参考,心理效果评估通常采用调查问卷的形式来展开。

任务拓展

通过学习本章节内容,请参照以上案例完成一款菱格纹女士斜挎包的网络广告推广和制作,如图9.2.2所示。

图9.2.2 女士斜挎包广告参考图

综合实训三 "双十一"广告的制作与推广

任务描述

"双十一"是起源于2009年11月11日淘宝商城(天猫)举办的网络促销活动。因为当天的营业额远超预期,创造了一个销售奇迹,于是后来每年的这一天就成了天猫举办大型促销活动的固定日期。再以后这一天就成了电子商务行业的年度盛事纪念日。因为这一天各个商家都推出了"巨大"优惠,吸引众多消费者冲动消费,疯狂购买。每年的10月起就可以看到各大商务平台上关于"双十一"的各种广告宣传。本节要求同学们为你目前所经营的店铺或未来有可能经营的店铺或商品做一个"双十一"网络广告策划。

任务目标

根据本项目任务的要求,确定以下实践任务:
(1) 能制订网络广告整体策划方案;
(2) 能进行"双十一"网络广告创意和制作;
(3) 能对"双十一"广告进行推广和效果评估。

任务实施

步骤一 网络广告策划

1. 市场分析

主要完成的任务是:在当前国家宏观政策和微观因素影响下,分析目前的市场营销环

境,你有什么优势和劣势;你所经营的产品的目标消费者是谁;他们有什么消费特征和习惯;你所经营的产品目前在市场上的销售情况如何,具有哪些优势;你所面临的竞争对手有哪些,和竞争对手相比较,你有什么优势和不足。

2. 广告分析

这部分内容首先要对广告目标市场进行细分,根据不同目标受众群,对广告产品进行精确定位,确定广告诉求的重点,确定广告的主题或广告语,有针对性地选择媒介进行广告营销宣传。

3. 网络广告实施计划

首先要确定你制作网络广告是冲着什么目的去的,是为了宣传企业形象还是为了促进产品销售;确定网络广告发布的时间和区域,选择网络广告发布的媒介,并做好发布媒介的时期和预算。

步骤二 网络广告创意和制作

这部分内容主要是结合广告主等多方面的要求展开广告创意设计,确定广告的整体版面,制作并展示最终效果。

步骤三 网络广告推广和效果评估

结合时下流行的营销手段和方法,确定网络广告的推广渠道和策略,在广告投放一段时间后进行效果评估,分析广告是否达到了预期目标,并做相应调整。